AF299945

INSTRUCTION
SUR L'ÉTABLISSEMENT
DES NITRIÈRES
ET SUR LA
FABRICATION DU SALPÊTRE,

Publiée par ordre DU ROI.

Par les Régisseurs généraux des Poudres & Salpêtres.

A PARIS,
DE L'IMPRIMERIE ROYALE.

M. DCCLXXVII.

TABLE DES ARTICLES

Contenus dans cette Instruction.

INSTRUCTION

INSTRUCTION

SUR L'ÉTABLISSEMENT DES NITRIÈRES,
& fur la fabrication du Salpêtre.

ARTICLE PREMIER.

De la nature du Nitre ou Salpêtre.

AVANT d'entrer dans le détail des différens pro-
cédés qui ont été imaginés jufqu'ici pour produire
artificiellement du Salpêtre, il convient de dire un mot
de la nature & de la compofition de ce fel.

Le Nitre ou le Salpêtre, proprement dit, celui qui
s'emploie dans la compofition de la poudre à canon, eft,
d'après l'opinion aujourd'hui généralement adoptée, un
fel moyen ou fel neutre, compofé d'un acide particulier,
connu fous le nom d'*Acide nitreux*, & d'un alkali fixe,
femblable à celui qu'on retire de prefque tous les végétaux par la combuftion. Les Chimiftes démontrent de la
manière la plus palpable, l'exiftence de ces deux principes dans le Salpêtre; mais leurs connoiffances ne s'é-
tendent pas beaucoup au-delà; ils connoiffent peu la nature
& la compofition de l'alkali fixe, encore moins celle de
l'acide nitreux; & M. Lavoifier paroît feulement avoir
démontré, dans un Mémoire lû à l'Académie des Sciences,

A.

& imprimé dans le recueil d'Obfervations fur le Salpêtre
que cette Compagnie vient de publier, que l'acide nitreux,
l'acide conftitutif du Salpêtre, contient une grande quantité
d'air très-pur, dans un état de fixité & de combinaifon:
c'eft fans doute à cet air qui fe dégage dans la détonation
du Nitre, que font dûs en grande partie les terribles effets
qui accompagnent l'inflammation de la poudre.

L'acide nitreux peut non-feulement fe combiner avec
un alkali fixe, & former de véritable Salpêtre; il peut encore
s'unir avec toutes les terres calcaires & abforbantes, telles
que la craie, la bafe de l'alun, celle du fel d'epfom & beaucoup d'autres; & il forme avec ces terres différentes efpèces
de Nitre à bafe terreufe, qui, loin d'avoir la propriété de
criftallifer comme le vrai Salpêtre, attirent l'humidité de
l'air & s'y réfolvent en liqueur. Ces fels, que les Salpêtriers
& les Raffineurs de Salpêtre confondent fous le nom
générique d'*Eau-mère*, ne peuvent entrer dans la compofition
de la poudre; il l'altèreroient bientôt par la propriété qu'ils
ont d'attirer l'humidité de l'air; de forte qu'une partie
très-intéreffante de l'art de faire de la poudre, confifte à
purifier parfaitement le Salpêtre, & à le priver le mieux
qu'il eft poffible de l'eau-mère ou des différens Salpêtres
à bafe terreufe qu'il peut contenir.

Il exifte dans plufieurs plantes, telles que le grand-foleil,
la pariétaire, la bourache & beaucoup d'autres, lorfqu'elles
ont crû dans un terrein falpêtré, une quantité fenfible de
Nitre; ce fel le plus communément s'y trouve dans fon
état de perfection, c'eft-à-dire, à bafe d'alkali fixe, par
la raifon que prefque toutes les plantes contiennent ou de
l'alkali fixe ou des fels à bafe d'alkali fixe propres à décompofer l'eau-mère & à en précipiter la terre. Il n'en eft
pas de même du Salpêtre qui fe forme dans les caves,
dans les écuries ou fous des hangars par des mélanges de
matières animales & végétales qui fe putréfient: prefque

tout ce Salpêtre est à base terreuse ou dans l'état d'eau-mère ; c'est-à-dire, que l'acide nitreux, au lieu d'y être combiné avec un alkali fixe, s'y trouve uni avec une terre calcaire ou absorbante.

La Chimie fournit un moyen simple de transformer en vrai Salpêtre, une quantité donnée d'eau-mère ou de Nitre à base terreuse : il suffit de mêler avec ce dernier un alkali fixe quelconque ; l'acide nitreux quitte aussitôt la terre à laquelle il étoit uni pour se combiner avec l'alkali fixe ; en même-temps, la terre qui n'étoit soluble dans l'eau que par l'intermède de l'acide, se précipite & se rassemble au fond du vase dans lequel se fait le mélange : si l'on fait ensuite évaporer l'eau surnageante, on en obtient de vrai Salpêtre. La terre qui a été précipitée dans cette combinaison, bien lavée & séchée, est connue dans le commerce sous le nom de *Magnésie*.

Les Salpêtriers font journellement cette même opération sans s'en douter ; la cendre qu'ils mettent dans leurs cuveaux avec la terre qu'ils se proposent de lessiver, contient de l'alkali fixe ; cet alkali décompose l'eau-mère ou nitre à base terreuse, & la convertit en vrai Salpêtre : mais comme en même-temps la cendre dont ils se servent est communément de mauvaise qualité, & qu'ils ne l'emploient point en quantité suffisante, il leur reste presque toujours une quantité considérable d'eau-mère non décomposée qui nuit à la qualité de leur Salpêtre. On verra dans la suite de cette Instruction, comment il faut procéder pour prévenir cet inconvénient.

ARTICLE II.

Principes généraux sur la manière dont se produit le Salpêtre.

QUELQUES Auteurs ont pensé que le Nitre étoit l'ouvrage de la végétation, que ce sel étoit tout formé dans les plantes, qu'il paſſoit de-là dans les animaux qui s'en nourriſſent, & que la putréfaction qu'on étoit obligé de faire ſubir aux matières végétales & animales, pour en obtenir le Salpêtre, n'étoit qu'un moyen de le dégager de toutes les matières volatiles, graſſes, extractives, & autres dans leſquelles il étoit enveloppé.

Si d'un côté cette opinion eſt appuyée ſur des argumens très-forts, elle eſt combattue d'un autre, par des objections très-ſolides ; en effet, il paroît que les plantes ne contiennent de Salpêtre qu'autant qu'elles ont crû dans un terrein qui en étoit lui-même imprégné, ce qui ſemble donner à ce ſel une origine indépendante de la végétation. Quoi qu'il en ſoit, il paroît qu'en général on n'obtient de Salpêtre que par la putréfaction & la décompoſition complette des matières animales & végétales.

On conçoit, d'après cela, que tout ce qui peut tendre à accélérer la putréfaction, tendra également à accélérer la formation du Salpêtre.

On ſait qu'une des conditions ſans laquelle la putréfaction ne peut avoir lieu, ou au moins ſans laquelle elle eſt imparfaite & lente, eſt le concours d'un air libre ; ainſi toutes les fois qu'on parviendra à faire circuler l'air d'une manière plus rapide dans une maſſe de terre qui contient des matières végétales ou animales en fermentation, on accélèrera la putréfaction &, par une ſuite néceſſaire, la formation du Salpêtre.

On ſait encore que l'eau eſt un agent néceſſaire à la putréfaction ; que des matières abſolument sèches ne fermentent ni ne s'altèrent : les terres où on veut former du Salpêtre, doivent donc être préſervées d'une trop grande ſéchereſſe ; mais elles ne doivent pas non plus être trop humectées, parce que l'eau qui viendroit alors à boucher les pores de la terre, la rendroit inacceſſible à l'air.

Le but de cette inſtruction eſt donc de faire connoître

les moyens les plus propres à entretenir ou plutôt à accélérer
la putréfaction des matières végétales & animales dans des
maffes de terre, d'indiquer les mélanges qùi peuvent rendre
les terres plus poreufes, plus perméables, enfin d'enfeigner
les meilleurs moyens poffibles pour introduire de l'air dans
de la terre, & pour y entretenir un degré d'humidité
toujours à peu-près égal, & tel qu'il convient pour
favorifer la putréfaction.

ARTICLE III.

Des Moyens les plus économiques connus pour produire
artificiellement du Salpêtre.

QUOIQUE, d'après ce qu'on vient d'expofer, il paroiffe
affez probable que le Salpêtre n'eft point un fel naturel,
& que tout celui que nous obtenons, fe forme par des
mélanges de matières animales ou végétales en putréfaction,
nous donnerons cependant ici le nom de *Salpêtre naturel*
à celui qui fe forme fans foin & fans travail dans les caves,
dans les celliers, dans les écuries, dans les granges, dans
le voifinage des foffes d'aifance, & en général dans prefque
tous les lieux habités, & nous entendrons par *Salpêtre*
artificiel, celui qu'on produit par des moyens dirigés vers
cet objet; telles font les murailles de Pruffe, les hangars
& les couches de Suède, &c.

On n'a pas cru devoir détailler dans cette Inftruction tous les différens moyens qui ont été imaginés en
Allemagne, en Suiffe, à Malte, en France même, pour
produire artificiellement du Salpêtre ; cet objet a été
rempli par les Commiffaires de l'Académie des Sciences,
dans le recueil qu'ils viennent de publier. Le but au
contraire qu'on s'eft propofé ici, a été de choifir parmi
les moyens connus, le meilleur, le plus économique, le

plus fimple, le mieux adapté au climat de ce royaume, d'en former une efpèce de Traité élémentaire qui pût guider ceux qui voudroient faire des entreprifes en ce genre, & qui les mît à portée de faire des établiffemens utiles pour eux & pour l'État.

Les Auteurs qui femblent mériter le plus de confiance, réduifent à trois les moyens de produire artificiellement du Salpêtre; les foffes, les murailles & les hangars. Prefque tous reconnoiffent en même-temps que les foffes font un moyen lent, que la putréfaction ne s'y achève qu'avec peine, & que l'air ne pouvant pénétrer à travers toute la maffe des matières qu'elles contiennent, il ne s'y forme de Salpêtre qu'à la furface : les murs ont l'inconvénient d'être trop compacts, de fe laiffer difficilement pénétrer par l'air; les arrofages d'ailleurs ne peuvent avoir lieu qu'à la furface, ils ne pénètrent pas dans l'intérieur; enfin les murs étant continuellement expofés à l'air, ils font defféchés par l'ardeur du foleil en été, ils font lavés par la pluie pendant l'automne & l'hiver, & les toits de paille dont on les couvre ne fuffifent pas, quelque précaution que l'on prenne, pour les défendre des injures de l'air.

Ces difficultés doivent déterminer à donner aux hangars une préférence exclufive; & c'eft ce qui fe trouve encore confirmé par l'exemple de la Suède, de l'Allemagne & de tous les pays où l'on produit artificiellement du Salpêtre : c'eft, en conféquence, uniquement de cette méthode qu'on s'occupera dans cette inftruction, & on s'attachera à faire voir comment elle peut s'appliquer, foit à des établiffemens en grand, foit à des épreuves particulières & à la portée de tous les habitans de la campagne.

ARTICLE IV,

De l'emplacement & de la construction des Hangars dans un établissement en grand.

ON doit choisir pour l'établissement d'une Nitrière ou fabrique de Salpêtre en grand ; premièrement, un lieu qui, dans aucun temps, ne puisse être inondé par le débordement des rivières & des ruisseaux.

Secondement, qui soit suffisamment en pente pour procurer aux eaux pluviales, un écoulement prompt & facile.

Troisièmement, qui soit assez à portée d'une rivière, d'un ruisseau ou de puits abondans, pour que le lessivage des terres salpêtrées puisse se faire commodément & ne soit point interrompu.

Quatrièmement, qui soit dans le voisinage d'une ville, d'un bourg ou d'un gros village, afin qu'on puisse composer le fond de la Nitrière de matières déjà salpêtrées, qu'on puisse se procurer facilement & en abondance pour les amendemens des matières végétales & animales de toute espèce, des excrémens, des fumiers, des cendres, des eaux de lessives ou buanderies, des urines, &c.

Cinquièmement enfin, où le bois de construction, & sur-tout celui à brûler, soit à bon compte.

Le choix du terrein fait, il sera question d'y construire des hangars ; leur nombre doit être proportionné à la quantité de Salpêtre qu'on veut obtenir & à l'étendue qu'on veut donner à l'établissement : il est nécessaire de les construire à peu de distance les uns des autres & le plus près qu'il sera possible du bâtiment destiné à contenir le fourneau & la chaudière.

Quant à leur grandeur, elle doit être déterminée par la portée la plus ordinaire des bois de charpente, & on croit qu'à cet égard il pourroit y avoir de l'inconvénient de leur donner au-delà de trente pieds de large ; encore dans les provinces où il n'y a point de fapin pour la charpente, fera-t-on fouvent obligé, même à cette largeur, de faire les fommiers de deux pièces. La longueur du hangar eft encore plus arbitraire ; cependant comme il a fallu adopter des proportions quelconques, on a donné au hangar repréfenté dans la *planche première*, cent pieds de longueur.

Il eft difficile que le fervice d'une Nitrière exige moins de trois ou quatre ouvriers ; l'un d'eux fera fpécialement attaché aux opérations de la chaudière, tandis que les autres feront occupés du leffivage des terres, du rétabliffement des couches, des arrofages, &c.

Un feul hangar ne pourroit, à beaucoup près, fournir de quoi occuper ces ouvriers toute l'année, & on penfe que quatre ouvriers fuffiront pour conduire cinq ou fix hangars, fur les proportions qu'on vient d'indiquer. On peut juger par-là combien il y a d'avantage à former tout d'un coup un établiffement un peu confidérable, & que le bénéfice de l'entreprife fe multipliera dans une proportion beaucoup plus grande que l'augmentation de fonds qu'on fera obligé d'y mettre. Les calculs contenus dans l'*article XVI* de cette Inftruction, porteront cette vérité jufqu'à l'évidence.

Les hangars doivent être couverts en chaume ou en paille, fur-tout fi les établiffemens font faits à la campagne & dans des places ifolées où l'on n'ait point à craindre la communication du feu, en cas d'incendie. Il n'y a, au furplus, aucune raifon d'exclure ni la tuile ni même l'ardoife, dans les pays où ces manières de couvrir font à meilleur marché ; on doit feulement obferver, en général, que la paille & le chaume ont l'avantage de moins s'échauffer pendant l'été, de ménager dans l'intérieur du hangar une certaine fraîcheur favorable à la formation du Salpêtre, & de s'oppofer aux effets des gelées pendant l'hiver.

Les.

Les flancs du hangar doivent être tournés, lorfque rien ne s'y oppofe, à l'expofition du nord-eft & du fud-oueft; on les fermera comme il eft repréfenté, *planche I.re*, *figure 1*, avec des claies brutes *H, H, H, H,* affez ferrées feulement pour rompre les grands courans d'air; on couvrira ces claies en dedans de paillaffons qui pourront être hauffés ou baiffés au befoin, pour empêcher le foleil ou la pluie de pénétrer dans la Nitrière, & pour augmenter ou diminuer à volonté le courant d'air qu'il convient d'y entretenir.

Au lieu de fermer la Nitrière avec des claies garnies de paillaffons, on pourroit l'environner d'un mur de terre mêlé de paille, de fumier, de bourre ou d'autres matières végétales & animales, fufceptibles de décompofition. Ces murs fe falpêtreroient avec le temps; on pourroit les leffiver & les reconftruire, & il en réfulteroit une augmentation dans la quantité de Salpêtre qu'on obtiendroit : mais, d'un autre côté, cette conftruction feroit un peu plus difpendieufe dans la plupart des provinces, que celle en claies, d'autant plus qu'il feroit en même temps néceffaire de pratiquer des ouvertures, des fenêtres, & de les garnir de volets, ou au moins de claies garnies de paillaffons. C'eft, au furplus, à celui qui fait l'établiffement d'une Nitrière, à pefer les avantages & les inconvéniens de chaque méthode, à confulter ce qui convient le mieux au local & au climat qu'il habite, enfin à calculer les frais de chaque conftruction.

Le deffus des portes d'entrée & de fortie devra être garni de claies comme les flancs, ainfi qu'il eft repréfenté *planche I.re*, *figure 1*.

Lorfque les hangars feront conftruits & couverts, on en creufera le fol de deux pieds de profondeur dans toute leur étendue : s'il fe trouve de terre argileufe ou de terre franche, on fe contentera d'en bien battre le fond avec des maffes ; s'il fe trouvoit de fable, de gravier ou de toute autre terre poreufe, il feroit néceffaire de le creufer de fix pouces de plus, & de remplir ces fix pouces avec de la terre argileufe, par la raifon que les terres poreufes ayant la propriété de s'imprégner facilement de Salpêtre, elles pourroient abforber les arrofages ou dérober à la couche dont il va être queftion dans un moment, une partie du Salpêtre à mefure qu'il feroit formé.

Lorfque tout aura été ainfi préparé, on creufera tout autour de chaque hangar, un foffé de deux à trois pieds de profondeur avec une pente fuffifante & un écoulement dans la partie la plus baffe, afin d'éloigner les eaux le plus qu'il fera poffible de la Nitrière.

ARTICLE V.

Du choix des Terres.

LA terre, comme on l'a vu plus haut, n'eft qu'un agent purement mécanique qui n'entre point dans la compofition du Salpêtre, ou au moins qui n'entre pour rien dans celle de fon acide. Auffi toute terre eft-elle, rigoureufement parlant, propre à la formation du Salpêtre, pourvu qu'elle ne foit ni trop compacte ni trop fableufe ; trop compacte, elle ne fe laiffe pénétrer ni par l'eau ni par l'air ; trop fableufe, elle forme une efpèce de filtre que l'eau traverfe fans y refter, & qui fe deffèche avec trop de facilité.

L'art peut à cet égard venir au fecours de la Nature, & on peut, par des mélanges de terre graffe & de terre maigre, de terre argileufe & de terre fableufe, amener celle qu'on veut employer au degré convenable pour la formation du Salpêtre.

Dans le choix des terres, celles qui font déjà falpêtrées,

celles qui proviennent des écuries, des caves, des granges, des colombiers, des celliers, des ateliers de teinturiers, de tanneurs, de blanchisseuses, celles des vieilles masures, des débris de démolition, méritent la préférence sur toutes les autres.

A défaut de ces premières, on doit rechercher celles qui se trouvent naturellement mélangées de matières végétales & animales ; telles sont le terreau, la terre des couches de jardin, celle qui se trouve sous les fumiers, la terre noire des environs des villages, celle des chenevières, celle des prairies, & sur-tout celle des luzernes prise à quelques pouces au-dessous de la superficie, la terre des marais, celle des voieries, celle des cimetières abandonnés, le limon des mares, des lacs, des étangs, des marais, des fossés de châteaux ou de villes, les boues des rues, &c. Le mélange des matériaux nécessaires pour la formation du Salpêtre, se trouvant tout fait dans ces terres, elles sont préférables à des terres pures, & elles exigent une main-d'œuvre de moins.

Enfin les terres pures & non mélangées forment un troisième ordre de matières qui peuvent être employées avec succès à la formation du Salpêtre ; mais ces terres ne peuvent seules en produire comme les précédentes, & il faut nécessairement y ajouter des substances végétales & animales susceptibles de se putréfier. Parmi les terres pures, les terres & les pierres calcaires tendres occupent le premier rang, & le tuffau de Touraine sur-tout à cause de sa qualité poreuse : comme cette substance est assez dure, il est nécessaire de la concasser avant de l'employer & de la réduire en morceaux de la grosseur d'une noix tout au plus : les terres coquillères & la craie viennent ensuite ; enfin toutes les terres argileuses ou glaiseuses, de même que celles purement sableuses, sont à rejeter ; elles ne peuvent être employées qu'en petites proportions, comme mélange destiné à servir de correctif, & elles doivent l'être toujours avec

B ij

une addition de terre calcaire qui puiſſe ſervir de baſe à l'acide nitreux.

Preſque toutes les terres, ſur-tout lorſqu'elles ſont convenablement mélangées, ſont donc propres à la formation du Salpêtre ; mais le même traitement ne convient point à toutes. Les terres des étables, des bergeries, des écuries, toutes celles qui ont un commencement de nitrification, & qui ſont très-imbibées de ſucs végétaux & animaux, n'ont beſoin que d'être expoſées à l'air pendant un certain temps ſous des hangars, d'être remuées à la pelle de temps en temps, ou d'être diſpoſées par couches comme on l'expliquera bientôt, enfin d'être arroſées, ſoit d'urine, ſoit même d'eau pure afin d'empêcher une deſſication abſolue, pour donner en peu de temps une quantité de Salpêtre très-conſidérable : la putréfaction, qui n'étoit que commencée dans ces terres, s'achève & ſe perfectionne, & la quantité de Salpêtre croît en proportion.

Quant au terreau, aux terres de prés & autres de cette eſpèce, elles ne contiennent pas toujours une aſſez grande quantité de matières végétales & animales pour que le Salpêtre s'y forme en peu de temps, & pour qu'on puiſſe les leſſiver promptement & avec profit ; c'eſt alors qu'on accélère la formation du Salpêtre dans ces terres par des mélanges, par des arroſages & par un traitement méthodique ; ce traitement eſt encore plus eſſentiel relativement aux terres abſolument neuves qui ne contiennent aucune ſubſtance animale ou végétale, puiſque ces dernières ne donneroient point de Salpêtre ſi elles étoient ſimplement amaſſées ſous des hangars, & abandonnées à la Nature.

ARTICLE VI.

De la Dispofition des Terres fous les Hangars.

TROIS objets principaux doivent fixer l'attention dans la difpofition des terres fous les hangars ; premièrement, d'économifer le terrein le plus qu'il eft poffible ; fecondement, de difpofer les terres de manière que l'air puiffe aifément pénétrer & circuler dans tout l'intérieur de la maffe ; troifièmement, de faire en forte qu'on puiffe aifément faire pénétrer par-tout les arrofages , & répartir la quantité d'humidité convenable avec une très-grande égalité. On conçoit que le fecond de ces trois objets ne feroit pas rempli , fi on fe contentoit d'entaffer , fans précaution fous un hangar, des terres propres à fe falpêtrer : la fuperficie de ces terres fe falpêtreroit fans doute jufqu'à huit, dix pouces ou un pied de profondeur , fuivant que la terre feroit plus ou moins poreufe ; mais l'intérieur d'un femblable amas de terre n'ayant point de contact avec l'air , ne pourroit acquérir de Salpêtre que par communication, c'eft-à-dire, très à la longue , & il s'en formeroit moins en dix ans , qu'on ne pourroit en former en deux par des méthodes mieux dirigées. Ces réflexions , auxquelles il feroit poffible d'en ajouter beaucoup d'autres , fuffiront pour faire fentir que c'eft principalement dans la difpofition des terres que confifte l'art de fabriquer le Salpêtre.

Quoique la méthode qu'on va décrire ne doive point être regardée comme un moyen exclufif, & qu'il foit poffible d'en imaginer d'autres peut-être également propres à remplir le même objet, on croit au moins pouvoir affurer, avec confiance, qu'elle eft préférable à tout ce qui s'eft pratiqué jufqu'ici , & qu'elle aura le fuccès le plus complet dans une entreprife en grand.

On raffemblera d'abord dans le hangar , dont on veut

former une Nitrière, douze à quinze mille pieds cubes de terres choifies, autant qu'il fera poffible, dans les deux premières claffes ci-deffus défignées; on y ajoutera à leur arrivée des fumiers pourris de chevaux, de mulets, de vache, de brebis, de poules, de pigeons, &c. des excrémens humains prefque defféchés, des boues de rue, des plantes, des fruits de toute efpèce, des feuilles d'arbres, du marc de raifin, des lies de vin, du tan, des balayures de maifon, de caves, de granges & de greniers à foin, des cendres de toute efpèce de bois, même de tourbes, les neuves, ainfi que celles qui ont déjà fervi aux buanderies, &c. &c. Plus la putréfaction & la décompofition de ces matières fera avancée, plus elles feront propres à cet ufage. On mêlera bien intimément toutes ces matières avec les terres, & on les arrofera en même-temps, fi elles font trop defféchées, avec des urines d'homme & d'animaux, avec des eaux de fumier, de mare croupies, ou avec de l'eau commune à défaut des précédentes.

Il eft difficile de déterminer avec précifion la proportion des mélanges de matières de toute efpèce qu'on doit faire avec les terres; cette proportion dépend de l'état des terres qu'on emploie; &, comme on l'a déjà obfervé, il en eft qui fe trouvent naturellement mélangées d'une fuffifante quantité de matières végétales ou animales, & qui n'ont befoin que d'être arrofées même avec de l'eau fimple à mefure qu'elles fe defféchent, tandis que d'autres peuvent fupporter un mélange d'un huitième en poids, & de plus d'un quart en volume de fumier, de plantes pourries & autres matières difpofées à la putréfaction.

Lorfque ce premier mélange aura été fait, & que les matières auront eu le temps fuffifant pour s'incorporer, on les difpofera en couches de la manière fuivante.

On remplira d'abord en entier, & fur toute la longueur & la largeur du hangar, avec de la terre mélangée, comme on vient de le dire, l'excavation de deux pieds de profondeur qui y aura été faite.

On tracera ensuite, ou plutôt on aura dû tracer d'avance dans le milieu de la Nitrière, un quarré long ou parallélogramme de dix-huit pieds de large environ fur quatre-vingt-huit pieds de longueur : ce parallélogramme laiffera des deux côtés un efpace vide de fix pieds entre lui & les côtés de la Nitrière ; de même, dans les deux bouts, il y aura fix pieds de diftance du petit côté du parallélogramme à chacune des portes.

Les lignes BC & DE, *planche I.re*, *figure 2*, déterminent la longueur du parallélogramme, & les lignes BD & CE en déterminent la largeur ; on plantera à chacun des angles B, C, D, E, des poteaux de dix à douze pieds d'élévation hors terre, pour foutenir les terres : il fera bon d'en placer en outre quelques-uns dans la longueur des lignes BC & DE, pour le même objet ; ces poteaux devront être inclinés plus ou moins vers l'intérieur de la couche, fuivant le talus qu'on jugera à propos de donner aux terres.

Les chofes ainfi difpofées, on placera fur le fol un rang de claies m, m, m, m, (*figure 3*) à la diftance d'environ fix pieds l'une de l'autre. Ces claies, dont une eft repréfentée féparément, *figure 4*, ont dix-huit pieds de longueur, c'eft-à-dire, autant que la couche a de largeur. On peut les faire d'autant de pièces qu'on le jugera à propos, fuivant la longueur des bois ; la coupe d'une de cès claies eft repréfentée *figure 5* ; chaque côté du triangle a un pied ou environ. Au lieu de les faire en triangle équilatéral comme celle repréfentée *figure 4*, on pourroit en augmenter la hauteur, fans en augmenter la bafe, & donner jufqu'à un pied & demi ou deux pieds à chacun des côtés.

On couvrira ces claies de dix-huit pouces environ de terre mélangée comme il a été expliqué plus haut ; puis on pofera par deffus un fecond rang de claies m, m, m, m, également à six pieds de distance les unes des autres ; mais, en observant de les placer dans le milieu des intervalles que laissent entre elles les claies du rang inférieur, ainsi qu'il est exprimé dans la *figure 3*, & on continuera ainsi successivement, jusqu'à ce que la couche ait atteint une hauteur de dix, douze pieds & même davantage.

Il sera bon, en formant cette couche, de répandre irrégulièrement dans toute la masse, de la paille ou du fumier frais : chaque brins de paille forment autant de tuyaux qui distribuent les arrosages ; & même, quand ils sont pourris, le vide qu'ils laissent à la place qu'ils occupoient, remplit encore quelque temps le même office.

Une couche d'une aussi grande élévation ne pourroit se soutenir d'elle-même, & elle s'ébouleroit de toutes parts, si les côtés en étoient perpendiculaires ; il faudra leur donner une certaine inclinaison, & on a lieu de présumer qu'en donnant dix-huit pieds à la couche dans le bas, douze dans le haut, & dix à douze en hauteur, il en résultera un talus suffisant pour le maintien des terres. Ce talus, au surplus, doit varier en raison de la nature des matières, & il vaut mieux le faire plus considérable que moindre que celui qu'on indique ici. On donnera d'ailleurs à la couche une solidité suffisante, en établissant sur le bord de chaque lit de terre dans tout le pourtour, de la paille, du fumier peu consommé, des branchages d'arbres, de vieux morceaux de claies pourries qui auront été employées précédemment dans l'intérieur des couches détruites, &c.

La *figure 7* représente une coupe du hangar dans sa largeur, ainsi que l'intérieur de la couche *Gg, Eç,* garnie de claies *m, m, m, m, m.*

Dans le cas où la main-d'œuvre des claies paroîtroit trop chère, on pourroit y suppléer par le moyen de petits fagots qu'on ajusteroit les uns au bout des autres, & qu'on

distribueroit

diftribueroit dans la maffe de térre aux mêmes places que celles ci - deffus indiquées pour les claies. On verra feulement dans la fuite, qu'il en réfulteroit quelques incon- véniens, relativement à la facilité des arrofages.

ARTICLE VII.

Des Arrofages.

L'AMAS d'une quantité de liqueurs fuffifante pour entre- tenir la terre des Nitrières dans un degré d'humectation convenable, eft un des points des plus importans & en même temps des plus difficiles à remplir. Toute liqueur putréfiée, ou fufceptible de fe putréfier, eft propre à cet ufage. Les urines d'hommes & d'animaux font préférables à toutes ; enfuite les eaux qui ont fervi à leffiver des fumiers : enfin on peut employer en arrofages les eaux de vaiffelles, les égouts des rues des villes, la leffive des blanchiffeufes ; cette dernière a l'avantage de contenir à la fois des matières animales difpofées à la fermentation, & de plus un alkali fixe propre à donner une bafe à l'acide nitreux, & à transformer en Salpêtre l'eau-mère ou le Nitre à bafe terreufe, à mefure qu'il eft formé.

Il n'eft pas difficile, fur-tout dans les environs des villes & bourgs, de raffembler à peu de frais une affez grande quantité d'urine humaine. Les maifons publiques, les hôpi- taux, les couvens, les colléges, les maifons de force, les fpectacles, les corps-de-garde, les cabarets, font des magafins naturels qui peuvent fournir amplement au befoin d'une Nitrière : il ne fera pas beaucoup plus difficile, foit à la ville, foit à la campagne, de raffembler, fi on le juge à propos, celle des animaux ; il fuffira de donner aux écuries ou aux étables une pente fuffifante, d'y former un ruiffeau qui raffemble les urines & qui les conduife dans des tonneaux défoncés, enterrés en dehors de l'étable ou de

C

l'écurie : ces tonneaux doivent être couverts de planches qui les garantiffent de la pluie. Pour peu qu'on attache de valeur à cette matière, les habitans de la campagne s'emprefferont d'en raffembler, & on fera amplement dédommagé du prix qu'elle coûtera, par l'augmentation de produit en Salpêtre qu'on obtiendra. A défaut d'urine, on peut employer de la leffive de fumier & d'immondices de toutes efpèces, & il eft aifé à cet égard de former dans la Nitrière, ou aux environs, un établiffement peu coûteux, qui ne la laiffe jamais au dépourvu.

On aura pour cet effet une grande cuve *A A*, *planche III, figure 5*; ou même, fi l'on veut en faire l'avance, un grand réfervoir de bois doublé de plomb laminé qu'on emplira jufqu'à moitié, jufqu'aux deux tiers ou même davantage, fuivant l'état des matières, de fumier pourri & confommé, de fiente d'animaux quelconques, de mouton fur-tout, & de toutes fortes d'immondices. Cette cuve porte à fa partie fupérieure une traverfe *T T*, qui coule dans deux oreilles *n, n*; cette traverfe principale reçoit différentes barres de bois *tt, tt, tt*, qu'on peut ôter à volonté : toutes ces traverfes ou barres font deftinées à maintenir le fumier, & à empêcher qu'il ne s'élève hors de la cuve. Lorfque le fumier aura été ainfi affujetti, on remplira la cuve d'eau : au bout de quelques jours le fumier fe gonflera, la liqueur contenue dans la cuve acquerra de la chaleur, & lorfqu'on jugera qu'elle eft fuffifamment chargée, on la videra par le robinet ou champleure *C*, dans le réfervoir *D D*. On accélèrera de beaucoup l'opération, & on opérera une décompofition plus complette des matières animales & végétales, en jetant dans la cuve quelques brouettées de chaux vive, plus ou moins fuivant fa grandeur.

La liqueur dans cet état n'eft pas encore auffi propre qu'elle le peut être à la fertilifation des terres à Salpêtre ;

il faut, pour qu'elle produise tout l'effet qu'on peut en attendre, qu'elle ait fermenté pendant un certain temps, & qu'elle ait pris un certain degré de putréfaction : à cet effet, on doit la transporter du réservoir *D D*, dans les cuves ou tonneaux *i, i, i, i, i, i, planche I, figures 2 & 3*, l'y laisser séjourner & fermenter jusqu'au moment où il sera nécessaire de l'employer.

Le même fumier peut servir plusieurs fois pour cette opération, c'est-à-dire qu'après avoir rempli la cuve une première fois d'eau, on peut l'emplir une seconde & même une troisième, en ajoutant seulement un peu de nouvelle chaux ; lorsqu'ensuite on juge que le fumier est prêt d'être épuisé, on le retire de la cuve *A A, planche III, figure 5*, & on l'emploie comme mélange en concurrence avec celui qui sort des fosses à putréfaction dont il sera question, *article XV*, pour entrer dans la composition des nouvelles couches.

On peut remplir en partie le même objet d'une manière encore plus simple, moins dispendieuse, mais en même temps moins avantageuse. On élève le long d'un mur, ou mieux encore dans l'angle de deux murs, un grand tas de fumier ; on pratique au pied une pente & un ruisseau, lequel va aboutir à un ou plusieurs tonneaux défoncés par en haut & enfévelis dans la terre. Toutes les fois qu'on veut avoir de la lessive de fumier, on fait jeter quelques seaux ou quelques muids d'eau sur le tas ; elle traverse le fumier, se charge de sa partie extractive, & va se rendre ensuite dans les tonneaux destinés à la recevoir.

L'opération des arrosages étant celle dont dépend principalement le succès des Nitrières, on conçoit qu'on n'en doit confier le soin qu'à des mains discrettes & sûres : on doit veiller avec la même attention, à ce que les paillassons qui recouvrent les claies d'enceintes, soient levés ou baissés à propos.

C ij

Quant à la proportion des arrofages, quant aux époques auxquelles il convient de les faire, c'eft fur quoi il eft impoffible de rien prefcrire de très-précis. En général, ils doivent être plus fréquens qu'abondans, afin que la terre foit toujours entretenue, autant qu'il eft poffible, au même degré d'humectation : trop d'humidité, comme on l'a déjà dit, eft autant & peut-être plus nuifible à la production du Salpêtre, que trop de féchereffe ; il ne faut pas que la terre foit mouillée, encore moins détrempée & dans un état de mortier ; il faut feulement qu'elle foit dans un état de fraîcheur & d'humidité ; de manière, par exemple, qu'en la preffant dans la main, elle foit dans un état moyen entre la terre qui fe pétrit & celle qui s'émiette.

On ne rifque rien d'employer, pendant les quatre ou fix premiers mois, pour les arrofages, de l'urine pure, fi on en a une quantité fuffifante, ou de l'eau de fumier très-chargée ; mais cette époque paffée, on doit commencer à couper les urines avec de l'eau, & employer des eaux de fumiers moins fortes ; enfin, à mefure qu'on approche du temps du leffivage, les eaux d'arrofages doivent s'affoiblir, & on ne doit plus arrofer, pendant les quatre ou fix derniers mois, qu'avec de l'eau fimple : dans le cas où l'on n'auroit pas des urines en abondance, on peut les couper, dès le commencement, avec moitié ou trois quarts d'eau.

Telle eft la marche qu'on doit fuivre pour arriver au réfultat le plus avantageux ; cependant, fi on fe trouvoit dans des circonftances où il fût impoffible de fe procurer des urines, qu'on ne pût même obtenir que difficilement & à grands frais des eaux de fumiers, de mares, d'immondices, &c. on ne devroit pas encore perdre toute efpérance : une couche de terre préparée, comme on l'a expofé précédemment, mélangée d'une fuffifante quantité de matières végétales & animales difpofées à la putréfaction, arrofée même avec de l'eau pure, peut fournir encore une très-grande quantité de Salpêtre.

Il ne refte plus, pour terminer ce qu'on s'eft propofé de dire fur les arrofages, qu'à donner une méthode pour les faire avec facilité, & pour les répartir avec égalité dans toute la maffe.

On aura un entonnoir de cuivre *S*, (*planche Ire*, *figure 9*) lequel pourra contenir jufqu'à quatre pintes de liqueur ; la douille de cet entonnoir fe prolongera en un long tuyau *R t n x y*, courbé à angle droit, & de fept pieds de longueur de *R* en *y*; enfin, ce même entonnoir aura un robinet *R*, qu'on pourra fermer & ouvrir à volonté.

Lorfqu'on voudra faire un arrofage, un premier Ouvrier introduira le tuyau *R t n x y*, dans une des ouvertures des claies *m, m, m, figure 3*; en même temps un fecond Ouvrier verfera avec un broc ou un autre vaiffeau quelconque, deux, trois ou quatre pintes de liqueur dans l'arrofoir *S*; cette quantité fera déterminée par des marques qui feront faites intérieurement dans l'entonnoir : lorfque la dofe de liqueur aura été verfée dans l'entonnoir, le premier ouvrier tournera le robinet pour la laiffer écouler ; en même temps il retirera lentement le tuyau, afin de répartir la liqueur également dans toute la longueur de l'ouverture *m m, figure 4*: on pourroit remplir le même objet avec un tuyau ou cheneau de bois, lequel feroit ouvert d'un côté & fermé de l'autre, & dans lequel on verferoit la liqueur par le moyen d'une efpèce d'entonnoir, comme on le voit repréfenté *figure 8*.

Les arrofages ne doivent fe faire qu'à compter du troifième, ou tout au plus du fecond rang de claies, en comptant par en bas ; on conçoit que le tuyau de l'entonnoir ayant fept pieds de longueur, il portera la liqueur jufque dans le milieu de la maffe, & qu'en répétant la même opération par l'autre côté, il n'y aura point d'endroit qui ne foit arrofé.

Le deffus de la couche ne pouvant être humecté de la même manière, on fe contentera d'y répandre la liqueur avec des arrofoirs de jardin ordinaires, & les ouvriers auront à cet effet des échelles ou efpèces de marchepieds pour s'élever à une hauteur fuffifante.

Pendant les gelées de l'hiver, on fermera le hangar le mieux qu'il fera poffible, & on fufpendra toute opération.

Il a pû paroître extraordinaire que dans les defcriptions qui précèdent, on n'ait donné que dix-huit pieds de largeur à la couche, tandis qu'il paroîtroit poffible de lui donner des dimenfions prefque égales à celle du hangar: la commodité des arrofages a déterminé ces proportions; en effet, on a vu que la queue de l'entonnoir, pour porter la liqueur jufqu'au milieu de la maffe de terre, devoit avoir fept pieds au moins; on ne pourroit donc fortir & rentrer cet entonnoir s'il ne fe trouvoit entre la couche & les claies qui forment la clôture, un efpace également de fept pieds.

Peut-être dans des provinces, dont le climat ne feroit pas très-fec, feroit-il poffible de laiffer les hangars ouverts de toutes parts: alors on auroit tout le jeu néceffaire pour l'entrée & la fortie de l'entonnoir; & on pourroit, dans un hangar de trente pieds de large, former une couche au moins de vingt-quatre.

Un autre moyen de gagner du terrein fans perdre beaucoup de la facilité de l'arrofage, feroit de compofer la tige $Rnxy$ de l'entonnoir de tuyaux rentrant les uns dans les autres, comme les tuyaux d'une lunette. La *figure* 9 peut donner une idée de ce mécanifme; on voit le tuyau Ry compofé de trois parties tn, nx, xy, lefquelles font fufceptibles de couler les unes fur les autres, de forte que la longueur de l'inftrument peut fe réduire à celle Ry,

23

figure 10 : *b b, figure 9* ; & *b, figure* 10, indiquent les deux boutons qu'on prend en main quand on veut raccourcir ou alonger les tuyaux. Les *figures 11* & *12* repréfentent l'intérieur de ces tuyaux ; elles expriment la manière dont ils font ajuftés les uns avec les autres, & comment ils ont un point de repos qui les empêche de fe défunir. Au moyen d'un entonnoir conftruit fur ces principes, on pourroit donner jufqu'à vingt-quatre pieds à la bafe de la couche ; elle en auroit environ vingt-deux à l'endroit où commenceroient les arrofages ; & avec un entonnoir de quatre pieds de tige, comme celui repréfenté *figure 10,* & deux tuyaux de trois pieds & demi chacun, rentrant fur le premier, on porteroit aifément les arrofages jufqu'au centre de la couche : au furplus, on le répète, c'eft à l'ufage à apprendre fi la première méthode, celle repréfentée dans la *figure 8,* eft préférable à cette dernière, & fi la plus grande fimplicité & la plus grande facilité des manœuvres, eft un avantage affez grand pour compenfer l'inconvénient d'une perte de terrein affez confidérable.

Ces différentes manières d'arrofer ne font praticables que dans la fuppofition de l'ufage des claies triangulaires *m, m, m, m, figures 3, 4 & 5, planche I.*^{re} ; dans le cas où l'on croiroit plus à propos d'y fubftituer, ainfi qu'on l'a propofé à la fin de l'article précédent, de petits fagots placés les uns au bout des autres, & difpofés de manière à établir une circulation d'air dans toute la maffe deftinée à fe falpêtrer, il feroit néceffaire de faire des changemens affez confidérables, foit dans l'arrangement des terres, foit dans la manière de les arrofer. Les couches, dans cette fuppofition, ne devroient pas être élevées au-delà de fix à fept pieds en hauteur ; il faudroit fe contenter de les arrofer par-deffus avec des arrofoirs de jardin, d'en entretenir la furface fupérieure toujours meuble, en la ratiffant de temps en temps avec des rateaux à dents de fer, afin que les arrofages y pénétraffent mieux : enfin on ne pourroit guère fe difpenfer de remuer ces terres à la pelle, une fois tous les fix où huit mois, c'eft-à-dire deux fois au moins pendant l'intervalle d'un leffivage à l'autre, en obfervant de mettre par-deffus la portion qui étoit par-deffous.

ARTICLE VIII.

Des moyens de fimplifier les opérations relatives à la fabrication du Salpêtre, & de les mettre à la portée de tous les habitans des villes & des campagnes.

Il ne faut pas croire que les méthodes qu'on vient de décrire, ne puiffent avoir d'application qu'à des fabriques en grand; tout particulier au contraire, pour peu qu'il ait un coin de hangar, de grange, d'écurie ou de bergerie, pour peu qu'il puiffe fe ménager un appentis, un endroit quelconque à l'abri des pluies & acceffible à l'air, peut y amaffer des terres; & en les abandonnant prefque à la Nature, il retirera fans foins & fans dépenfe une récolte en falpêtre, proportionné à l'amas de terre qu'il aura formé.

On peut appliquer à ces établiffemens particuliers, tout ce qui a été dit plus haut pour le choix des terres; c'eft-à-dire qu'on doit s'attacher de préférence à celles qui font déjà falpêtrées, ou qui font difpofées à le devenir, & furtout aux plus meubles & aux plus légères. On ajoutera à ces terres, fi elles ne font pas fuffifamment mélangées par elles-mêmes, toutes les matières végétales & animales qu'on pourra trouver fous fa main; on y mêlera en outre de la paille ou du fumier nouveau, & on les élevera ainfi à la pelle, fans les taffer, jufqu'à la hauteur de deux ou trois pieds. On pourra augmenter la hauteur de ces tas & leur donner jufqu'à cinq à fix pieds d'épaiffeur, en plaçant dans leur intérieur de petits fagots, tels qu'ils ont été décrits

précédemment

précédemment, & en les difpofant de manière à former
à l'air des canaux de circulation qui aboutiffent, foit à la
furface fupérieure, foit à celles latérales de la couche. Ces
amas de terre ainfi difpofés, doivent fervir de réceptacle
à toutes les immondices de la maifon ; on y jettera les
balayures, les épluchures, les os d'animaux, leurs excrémens, les fumiers, les matières pourries & gâtées, les
cendres, les urines, les eaux de fumiers, les lavures de
toute efpèce, &c. Ces matières cependant, comme on l'a
déjà indiqué, ne doivent point être employées en trop
grande abondance ; les arrofages fur-tout doivent être
ménagés avec intelligence, & l'on ne doit pas perdre de
vue que leur objet eft uniquement d'entretenir la terre
moite ou fraîche.

Au bout de quinze ou dix-huit mois, ou plus généralement encore, huit mois ou un an avant de leffiver
les terres, il faut ceffer toute addition de matière animale
ou végétale ; fi l'on s'aperçoit que la terre fe deffèche trop,
il fuffit de l'arrofer alors avec de l'eau pure, même en très-
petite quantité.

Pour faire mieux encore & pour accélérer davantage la
production du falpêtre, il fera très-avantageux de remuer
trois à quatre fois l'année, la terre à la pelle, en obfervant
de mettre par-deffus ce qui étoit par-deffous, & de mêler
avec la terre de la paille nouvelle & du fumier récent :
cette opération a l'avantage de renouveler les furfaces
expofées à l'air, & fur-tout de rendre la terre plus meuble
& plus pénétrable par l'air & par l'eau : fouvent, au bout
de quelque temps, la terre fe tape à fa furface, & ne laiffe
plus pénétrer les arrofages ; il eft alors néceffaire de la
ratiffer avec un rateau de fer dont les dents aient deux à
trois pouces, même davantage.

On pratique encore en Suède une méthode très-fimple
pour fabriquer du Salpêtre, & on croit devoir en dire un

mot avant de terminer cet article : on conſtruit des couches pyramidales de terre D, E, F, *planche IV, figure 5*, compoſées des mêmes terres & des mêmes mélanges que ceux indiqués dans l'article précédent ; on prolonge ces couches auſſi loin qu'on le juge à propos & que le terrein le permet. Pour défendre ces terres des injures de l'air, & empêcher que la pluie n'en diſſolve le Salpêtre à meſure qu'il ſe forme, on les couvre d'une eſpèce de toit compoſé de deux perches AB, BC, de dix-huit à vingt pieds de longueur, arcboutées l'une contre l'autre & maintenues par une traverſe HI, le tout lié & arrêté avec des harts de ſaule ou d'oſier ; ces perches s'enfoncent de ſix ou huit pouces dans la terre, & on place de pareils aſſemblages à dix-huit pouces ou deux pieds de diſtance les uns des autres : l'intervalle de ces perches, ou plutôt de ces aſſemblages de perches, ſe remplit avec des gaulettes ou des branchages d'arbres, & le tout ſe recouvre avec des bruyères, des feuillages, & en général avec tout ce qui peut être propre à empêcher l'eau de pénétrer dans l'intérieur.

Ces couches demandent à être traitées & arroſées comme les précédentes ; quelque temps après qu'elles ont été formées, le Salpêtre ſe montre à la ſurface, & quand elles ſont en plein rapport, on ratiſſe, à peu de jours de diſtance, un demi-pouce ou un pouce de la terre qui ſe préſente par-deſſus, & on la leſſive : on répète la même opération juſqu'à ce que la couche ne donne plus d'indice de Salpêtre à ſa ſurface ; alors on leſſive toute la maſſe de terre reſtant, laquelle fournit encore une aſſez bonne quantité de Salpêtre.

M. le Ray de Chaumont a imaginé, dans des établiſſemens de ce genre qu'il a faits en Touraine, un moyen très-ſimple & très-ingénieux pour faire commodément les arroſages.

On a de grands pots EG, d'une terre cuite poreuſe ;

ces pots ont fix à huit pouces de diamètre & trois à quatre pieds de profondeur ; on les enterre dans le haut de la couche jufqu'à un pouce environ de leur bord fupérieur ; on les emplit d'eau, d'urine, d'égout de fumier, d'eau-mère de nitre étendue foit avec de l'eau, foit avec quelques-unes des liqueurs précédentes : infenfiblement la liqueur pénètre à travers les pores du pot, & fe répand dans toute la maffe de terre. Peu-à-peu les pots fe vident, & on les remplit toutes les fois que l'état des terres le fait juger néceffaire.

On peut encore appliquer à ces couches le moyen qu'on a propofé plus haut, pour faire pénétrer de l'air dans leur intérieur : on peut faire régner dans toute leur longueur, une claie triangulaire *l, m, n, planche IV, figure 5,* d'un pied & demi ou deux pieds de hauteur, qui multiplie les furfaces & procure à l'air des contacts plus multipliés.

. Les particuliers qui fe feront livrés à ce genre d'induftrie, pourront ou fe charger de faire eux-mêmes l'extraction du Salpêtre, ou s'ils craignent cet embarras, vendre à un Salpêtrier le droit de leffiver leur terre, comme on vend la dépouille d'une vigne ; par ce moyen, les balayures des maifons, les immondices & une infinité de matières qui font aujourd'hui perdues, tourneront au profit de la fociété.

ARTICLE IX.

Du Leffivage des Terres.

C E n'eft pas affez d'avoir produit du Salpêtre ; il faut le féparer de la terre dans laquelle il s'eft formé : or la terre étant infoluble dans l'eau, tandis que le Salpêtre s'y diffout, même à froid, avec beaucoup de facilité, il réfulte de ces deux propriétés oppofées un moyen fimple de faire le départ de ces fubftances & d'obtenir le Salpêtre feul : c'eft cette opération qu'on appelle *leffive, lexiviation, leffivage, lavage de terres*, toutes expreſſions ſynonymes & qu'on emploîra ici comme telles. La méthode qu'on ſuit à cet égard, eſt tellement uniforme dans toutes les parties de l'Europe, qu'il y a tout lieu de croire qu'elle eſt bonne en elle-même, & qu'elle n'eſt pas ſuſceptible de changemens importans ; cependant, d'un autre côté, lorſqu'on conſidère que la plupart des Salpêtriers mènent une vie toujours errante, qu'ils parcourent ſucceſſivement une étendue de terrein fort conſidérable, des provinces entières, pour trouver des matières ſalpêtrées, on pourroit être porté à penſer que la méthode dont ils ſe ſervent tient à leur manière de vivre, qu'elle eſt plutôt adaptée aux beſoins d'une fabrique ambulante, qu'à ceux d'une fabrique ſédentaire, & il ſeroit poſſible que ſous ce point de vue elle fût ſuſceptible de quelques modifications.

Ces réflexions ont conduit à des recherches ſur ce qui ſe pratique dans l'Inde pour le leſſivage des terres, & on a lieu de croire, d'après les renſeignemens qu'on s'eſt procurés, qu'on y emploie en effet une méthode très-différente de celle d'Europe, & qui peut-être convient mieux à un travail ſédentaire & ſur-tout à une fabrique en grand.

On va rendre compte ſucceſſivement de ces deux méthodes, ſans oſer prononcer en faveur ni de l'une ni de l'autre ; celle d'Europe a l'avantage de la ſimplicité & de n'exiger preſqu'aucune avance ; celle de l'Inde, au contraire, entraîne une conſtruction diſpendieuſe, un entretien, des réparations : c'eſt à chaque particulier à peſer ces avantages & ces inconvéniens.

SECTION PREMIÈRE.

De la manière de leſſiver les Terres en Europe.

LES Salpêtriers ſe ſervent communément, pour le leſſivage des terres, de tonneaux *T, T, planche II, figures 2,*

3, 4, 5 & 6, de contenance de demi-queue, jauge de Bourgogne, & défoncés par un bout: des vaiffeaux d'un plus grand volume feroient embarraffans à remuer, & on éprouveroit beaucoup de difficultés pour en ôter la terre, lorfqu'elle a été leffivée.

Ils élèvent ces tonneaux environ à deux pieds & demi du fol de l'atelier, en les plaçant fur des traiteaux ou efpèces de bancs *bb*, & ils placent entre deux une recette commune *R*, deftinée à recevoir la liqueur qui doit s'en écouler.

Ces tonneaux ou cuveaux font percés dans le bas à peu de diftance du fond, & quelquefois même par-deffous, d'un trou *C, C, figures 2, 3 & 4*, de fix à huit lignes de diamètre, dans lequel on introduit une piffote ou champleure de bois, qu'on bouche avec une cheville; à défaut de piffote de bois, les Salpêtriers de Paris fe fervent communément d'un os de pied de mouton, caffé par un bout près de l'articulation, & qui eft retenu par la tête même de l'os qui fe trouve trop groffe pour pouvoir paffer par le trou. Le bout caffé de l'os, fort en dehors du tonneau, & on le bouche, comme la piffote, avec une cheville de bois. Cette méthode eft moins bonne que la précédente, par la raifon que l'os de pied de mouton n'étant pas parfaitement rond, il ne ferme pas exactement l'ouverture, & qu'il eft très-effentiel, comme on le dira bientôt, de pouvoir retenir l'eau dans le cuveau auffi long-temps qu'on le juge à propos.

La terre & la cendre, fi elles étoient jetées immédiatement fur le trou, ne manqueroient pas de le boucher & d'empêcher la filtration de l'eau, & on a imaginé différens moyens pour remédier à cet inconvénient: les uns fe contentent de placer fur le trou, un tampon de paille qui s'engage fous un ou deux taffeaux de bois qui le maintiennent; les autres le recouvrent avec une écuelle ou sebile de bois percée ; ils répandent un peu de paille sur l'écuelle & jettent la terre ou la cendre par-dessus. Quelques-uns placent en travers au fond du tonneau, au-devant du trou, une douve, & ils remplissent l'intervalle qui se trouve entre la douve & les parois du tonneau, de pierres ou petits gravois : d'autres enfin ajoutent au tonneau un double fond percé de trous ; ils le soutiennent à une distance convenable du véritable fond, par le moyen de trois tasseaux de bois, & ils mettent entre les deux fonds & par-dessus le faux-fond, de la paille fraîche ; de toutes ces méthodes, cette dernière est la meilleure & la plus propre à favoriser l'écoulement des eaux.

Lorsque les choses sont ainsi préparées, on jette dans le cuveau un quart, un tiers, & quelquefois jusqu'à moitié de cendre, suivant sa qualité *, & on achève de le remplir, soit avec de la terre, soit avec des pierres ou platras salpêtrés. Dans ce dernier cas, c'est-à-dire dans celui où les matières qu'on doit lessiver sont d'une certaine dureté, il est nécessaire de les concasser préalablement, de les réduire en morceaux de la grosseur de noisettes, ou de petites noix tout au plus, & de les passer à la claie. Lorsque c'est de la terre qu'on emploie, il faut avoir soin qu'elle soit assez meuble pour laisser écouler l'eau ; pour peu qu'elle fût tassée ou comprimée, la filtration ne pourroit plus avoir lieu ; enfin lorsque chaque cuveau est rempli de terre, il est nécessaire de former à sa surface une espèce de bassin creux pour contenir l'eau.

Lorsque les cuveaux sont ainsi remplis, on y verse de l'eau ; il est très-essentiel de laisser la pissote bouchée

---

* Cette quantité de cendres, quoique très-considérable, est encore le plus souvent insuffisante. On donnera ci-après, dans l'article intitulé *de l'usage de la Potasse dans la fabrication du Salpêtre*, les moyens de suppléer à la cendre, en y substituant une matière alkaline moins embarrassante, très-commune & à bon marché.

pendant les premières heures : il arrive souvent, à défaut de cette précaution, que l'eau se fraye une ou plusieurs issues à travers la cendre, & qu'elle la traverse sans la lessiver ni même l'humecter dans toutes ses parties. Le même inconvénient a lieu du plus au moins pour la terre & pour les platras ; & ces derniers d'ailleurs étant en morceaux plus ou moins gros, l'eau, lorsqu'elle passe trop rapidement, ne dissout que les sels qui se présentent à la surface des platras, & laisse ceux qui sont placés plus avant dans l'intérieur. Lorsqu'on juge que l'eau a eu tout le temps pour dissoudre les sels, on retire la cheville, & la liqueur coule dans le baquet ou recette *R , planche II, figures 2, 3, 4, 5 & 6.*

Les Salpêtriers ont un certain nombre de cuveaux & recettes, semblables à ceux qu'on vient de décrire ; le nombre est ordinairement de trente-six à Paris, pour une fabrique dans laquelle on fait vingt-quatre à trente milliers de Salpêtre ; & ils ont coutume de les diviser, ce qu'ils appellent en trois bandes de douze chacune.

Dans un atelier qui est en cours d'opération, une première bande contient des terres neuves, c'est-à-dire qui sont lessivées pour la première fois. Une seconde bande contient des terres qui ont déjà été lessivées une fois, & qui le sont pour la seconde ; enfin une troisième bande contient des terres qui ont déjà été lessivées deux fois, & qui le sont pour la troisième.

Les eaux qui ont passé par les cuviers qui composent la troisième bande, c'est-à-dire sur les terres qui ont été déjà lessivées deux fois, se nomment *lavage ;* on les fait repasser par les cuviers de la seconde bande, c'est-à-dire sur des terres qui n'ont été lessivées qu'une fois, & alors elles deviennent ce qu'on nomme *petites eaux.*

Quand les petites eaux ont passé par les cuviers de la première bande, c'est-à-dire sur des terres neuves, elles deviennent ce qu’on nomme *eaux fortes*; enfin pendant que les eaux fortes fe filtrent, on décharge les cuveaux de la troifième bande, on les remplit de terres neuves & de nouvelles cendres, & on y fait repaffer les eaux fortes; ces dernières fe chargent de plus en plus de Salpêtre, & deviennent ce qu’on nomme *eaux de cuite;* alors elles font prêtes à paffer à la chaudière pour être évaporées. On perdroit un temps confidérable fi on attendoit, pour porter les eaux fur une bande de cuveaux, qu’elles euffent fini de paffer fur la précédente; il faut avoir foin de les verfer de l’une à l’autre, à mefure qu’elles coulent dans les recettes; par ce moyen, les trente-fix cuveaux fe trouvent leffivées prefqu’en même temps. On conçoit que par cette manière de procéder, les mêmes cuveaux qui formoient d’abord première bande, deviennent enfuite feconde, puis troifième; que les terres ne font jamais retirées des cuveaux, qu’après avoir été leffivées trois fois: qu’enfin avec trois bandes, on fait réellement le fervice de quatre.

Chaque jour dans un atelier garni de trente-fix cuveaux, on doit employer au moins huit demi-queues d’eau nouvelle, & il doit en réfulter environ deux demi-queues de cuite: tout le refte de l’eau demeure dans les terres, d’où l’on peut juger, quelque précaution que l’on prenne, qu’il y refte néceffairement beaucoup de Salpêtre.

En général, la quantité d’eau douce néceffaire pour le premier leffivage, doit être d’un demi-pied cube environ, ou de dix-huit pintes, mefure de Paris, par chaque pied cube de terre. Quand les terres font peu chargées de Salpêtre, on peut fans inconvénient diminuer cette quantité, & la réduire à douze à quinze pintes par pied cube.

La méthode de leffiver qu’on vient de décrire, eft à peu-près celle des Salpêtriers de Paris; on en a feulement écarté quelques pratiques peu importantes qui paroiffent tenir à la routine & qui ne font nullement fondées en
raifon.

raifon; tel eft, par exemple, l'ufage où font les Salpêtriers d'enlever, avant de faire le relavage des terres, environ deux hottées de terre du haut du cuveau, & de la remplacer par de la terre neuve. Cette opération qu'on nomme *le razage*, n'a point d'objet; elle ne fert qu'à enforcir le relavage, ce qui eft directement contraire aux vrais principes du leffivage, ainfi qu'on en fera plus convaincu encore par la lecture de l'article qui va fuivre. Cette méthode, au furplus, n'eft bonne qu'autant qu'il eft queftion de traiter des terres fort riches en Salpêtre; mais dans le cas, au contraire, où l'on n'a que des terres pauvres à traiter, il y a de l'avantage à divifer les cuveaux en un plus grand nombre de bandes, & à faire paffer les eaux fortes fuccef-fivement fur un plus grand nombre de cuveaux remplis de terres neuves: on parvient de cette manière à obtenir des eaux beaucoup plus chargées de Salpêtre & à confommer moins de bois. On donnera, *art. XI* de cette Inftruction un moyen fimple, non-feulement pour reconnoître fi les eaux de cuite font fuffifamment chargées de Salpêtre pour pouvoir être évaporées avec profit, mais encore pour déterminer avec précifion la quantité de Salpêtre contenue dans les eaux qu'on fe propofe de faire évaporer.

La *figure 2, planche II*, repréfente la coupe, & la *figure 3* repréfente le plan d'un atelier à falpêtrer, monté fur les principes qu'on vient de détailler; on y voit les cuveaux *T, T, T, T, T*, &c. garnis de leurs recettes *R, R, R*. La difpofition des cuveaux doit être telle qu'il refte entre chacun, un efpace fuffifant pour le paffage des ouvriers, pour le remuement des terres & pour le tranfport de l'eau; quant aux recettes, elles doivent être affez larges pour qu'une feule puiffe recevoir l'eau qui s'écoule de deux cuveaux. Les détails relatifs à ce travail, feront expofés d'une manière plus étendue dans l'*Explication des figures qui fe trouve à la fin de cet ouvrage.*

E

SECTION DEUXIÈME.

Du Leſſivage des Terres à la manière de l'Inde.

SUIVANT les renſeignemens qu'on a eus de l'Inde, le leſſivage des terres ſalpêtrées s'y fait dans de grandes foſſes carrées, revêtues de briques bien cimentées & élevées en amphithéâtre les unes au-deſſus des autres. On voit le profil de ces foſſes *A, B, C, planche III, figure 2 ;* elles doivent avoir trois à quatre pieds de profondeur ſur cinq à ſix ſur chaque face ; il eſt néceſſaire d'en avoir trois rangs pour répondre aux trois bandes de cuveaux des Salpêtriers, ce qui fait en tout neuf foſſes. On en voit le plan repréſenté *figure 3.*

La partie inférieure de chaque foſſe, doit être percée d'une ouverture ou canal *d e, figure 2,* par lequel l'eau s'écoule & tombe dans la foſſe inférieure : on garnit intérieurement cette ouverture avec un tampon de paille ſerré & aſſujetti par le moyen de deux taſſeaux de bois ; & dans la crainte que la terre ne porte trop directement ſur la paille & ne la foule trop, on la recouvre avec une planche percée de trous qui repoſe ſur les deux taſſeaux : on peut encore environner l'ouverture du trou d'écoulement, d'un encaiſſement de briques ou de planches qu'on emplit de ſable très-groſſier ou de menus gravois.

Les choſes ainſi diſpoſées, on commence par mettre dans la foſſe, la quantité de cendres qu'on veut employer ; cette quantité, à moins que les cendres ne ſoient très-fortes, doit être au moins du quart ou du tiers du volume de la terre, encore cette quantité eſt-elle ſouvent inſuffiſante *(a)* : lorſque les foſſes ont été chargées de cendres,

---

(a) Voyez ce qui eſt dit ci-après dans l'article intitulé : *de l'uſage de la Potaſſe dans la fabrication du Salpêtre.*

on les charge de terre, & on les emplit jufqu'à la hauteur de trois pieds; ces foffes ayant cinq pieds fur chaque face, il en réfulte qu'elles peuvent contenir foixante - quinze pieds cubes de terre; on doit avoir grand foin, avant de verfer l'eau fur la terre dans la foffe fupérieure, de boucher exactement le tuyau d'écoulement *d e, figure 2 :* on ne l'ouvre qu'au bout de quelques heures; alors l'eau qui a lavé la terre de la première foffe, tombe dans la feconde, puis dans la troifième, & de fuite enfin dans les réfervoirs *R, R, R, R, figures 2 & 3.*

La terre contenue dans les cuves, n'eft point épuifée lorfqu'elle n'a été leffivée qu'une feule fois; on y repaffe une feconde & une troifième eau, & on obtient, comme dans la méthode ufitée en Europe, du relavage, des petites eaux, des eaux fortes & de la cuite; le relavage eft l'eau qui a paffé fur la terre qui avoit été préalablement leffivée deux fois; la petite eau eft le même relavage, après qu'il a été repaffé fur de la terre qui n'avoit été préalablement leffivée qu'une fois; l'eau forte eft la petite eau repaffée une première fois fur de la terre neuve: enfin la cuite n'eft autre chofe que l'eau forte qu'on a renforcie encore en la repaffant une feconde fois fur de la terre neuve. On voit par-là que dans tout travail bien réglé, on doit toujours avoir 1.° une bande de trois foffes remplie de terre déjà leffivée deux fois & qui travaille en relavage; 2.° une autre bande chargée de terre déjà leffivée une fois & qui travaille en petite eau; 3.° une bande chargée de terre neuve, qui travaille pour de l'eau forte: 4.° enfin, que la bande qui vient de travailler pour du relavage, doit être déchargée & rechargée de terre neuve pour convertir les eaux fortes en cuites.

Les foffes fe chargent à la brouette; on ménage à cet effet entre chaque bande de foffes, un chemin en pente douce, de deux à trois pieds de large, par lequel on monte la terre jufqu'à la cuve fupérieure; ce chemin eft défigné (*figure 3*) par la ligne ponctuée *g h i:* la même brouette, lorfqu'elle a été déchargée dans la foffe fupérieure *A,* continue fa route fuivant la ligne *i l m,* & redefcend par le chemin également pratiqué en pente douce de ce côté; de cette manière, les Ouvriers ne peuvent point fe rencontrer, & le chemin n'eft jamais embarraffé.

Ces foffes, comme on l'a déjà indiqué, ne peuvent guère être employées que dans un travail très en grand : leur conftruction eft difpendieufe; de plus, fi l'on n'a pas l'eau à fa difpofition à la hauteur de la foffe fupérieure, on ne peut fe difpenfer de l'y élever par le moyen d'une pompe & de la diftribuer dans chaque foffe par des tuyaux garnis de robinets, ce qui forme encore un nouvel objet de dépenfe très-confidérable & fupérieure à ce qu'une entreprife médiocre feroit en état de fupporter.

Quoi qu'il en foit, cette manière de faire le lavage des terres exigeant des changemens affez confidérables dans la difpofition de l'atelier, on a cru devoir en donner un détail particulier qui fe trouve repréfenté par les *figures 1, 2, 3 & 4 de la planche III.* On renvoie, pour les détails, à *l'Explication des figures qui fe trouve à la fin de cet ouvrage.*

ARTICLE X.

De l'Évaporation des Eaux falpêtrées, & de la criftallifation du Salpêtre.

L'EAU diffout le Salpêtre fans diffoudre la terre, & l'on s'eft fervi dans l'article précédent, de cette propriété de l'eau, pour féparer le Salpêtre d'avec la terre falpêtrée; il refte maintenant à féparer le Salpêtre d'avec l'eau qui le tient en diffolution : on fe fert, pour remplir cet objet, de la propriété qu'a l'eau de fe réduire en vapeurs, de fe diffoudre en quelque façon dans l'air par un degré de chaleur très-modéré ; on diffipe en conféquence l'eau par l'ébullition, & le Salpêtre, comme beaucoup plus fixe, refte au fond du vaiffeau dans lequel fe fait l'évaporation.

Cette opération connue dans l'art du Salpêtrier, comme dans tous les Arts, fous le nom d'*évaporation*, fe fait dans une grande chaudière de cuivre *S*, dont le plan eft repréfenté *figure 3*, & la coupe *figure 7 de la planche 11*.

Cette chaudière a la figure d'un demi-œuf ; cette forme eft néceffaire pour que tous les corps étrangers au Salpêtre, le fel, la bourbe, &c. fe raffemblent dans le fond, & qu'on puiffe les en tirer avec les inftrumens propres à cet objet.

Lorfque la leffive ou cuite a acquis le degré néceffaire pour pouvoir être évaporée avec profit (degré qu'on reconnoît aifément au moyen du pèfe-liqueur, dont on donnera la defcription dans l'article qui va fuivre) ; on en emplit la chaudière, après quoi on allume le bois dans le fourneau & on fait bouillir. Les Salpêtriers de Paris font dans l'ufage, lorfqu'une certaine portion de la liqueur eft évaporée, d'en remettre de nouvelle & de remplir ainfi jufqu'à trois fois : ces rempliffages ont l'inconvénient de refroidir la liqueur contenue dans la chaudière, de fufpendre l'ébullition pendant plufieurs heures, & d'apporter un grand retard dans l'opération. Il vaut beaucoup mieux, au lieu de jeter à la fois une auffi grande quantité de liqueur froide, l'introduire peu-à-peu dans la chaudière ; on la dépofe à cet effet dans un tonneau ou cuveau *G*, *planche 11, figures 2, 3 & 7*, percé d'un trou à trois ou quatre pouces au-deffus de fon fond. On ajufte dans ce trou une piffote ou champleure *K*, *figure 7*, garnie d'une cheville, au moyen de laquelle on ralentit autant que l'on veut l'écoulement de la liqueur, & on parvient ainfi à en fournir continuellement une quantité égale à peu-près à celle qui s'évapore. Par ce moyen, l'ébullition de la cuite n'eft jamais ralentie, & la liqueur qui fert à remplir eft toujours claire. Quand l'évaporation a été continuée un temps fuffifant, & que la liqueur approche du point de criftallifation, on met dans la chaudière quelques livres de colle de Flandre, qui a été préalablement diffoute dans de l'eau chaude; la quantité d'eau néceffaire pour cette diffolution, doit être de deux pintes environ par chaque livre de colle: il eft néceffaire, pour que la colle fe diftribue également dans toute la maffe du fluide & qu'elle ne foit pas trop promptement faifie par la chaleur de la cuite, d'interrompre, avant de l'introduire, l'ébullition par une addition d'un feau ou d'un demi-feau d'eau froide; lorfqu'enfuite la cuite commence à reprendre fon bouillon, il fe forme une écume qu'on enlève foigneufement avec des écumoires & qu'on met à part, foit pour la relaver, foit pour la jeter fur les terres difpofées à fe falpêtrer. Quelquefois la quantité d'écume eft fi grande & la liqueur fe gonfle à un tel point, qu'une partie pafferoit par-deffus les bords, fi on ne rafraîchiffoit promptement par une nouvelle addition d'eau froide: peut-être, au lieu de cette addition d'eau qui prolonge l'évaporation, pourroit-on fe contenter de jeter dans la chaudière quelques onces de fuif, comme on a coutume de faire pour arrêter le gonflement continuel qui arrive à l'urine lorfqu'on l'évapore pour l'opération du phofphore; ce fuif n'altère en rien la qualité du Salpêtre, il refte nageant fur la cuite; partie s'enlève avec l'écume, & le furplus fe fige à la furface des vaiffeaux où fe fait le refroidiffement & la criftallifation.

A mefure qu'on continue l'évaporation, il fe forme à la furface de la liqueur, une efpèce de pellicule peu continue qui fe précipite au fond de la chaudière; c'eft ce que les Salpêtriers nomment *le grain :* ce grain n'eft autre chofe que du fel marin qui criftallife, faute d'avoir fuffifamment d'eau pour être tenu en diffolution : un Ouvrier eft prefque continuellement occupé à retirer ce grain avec une écumoire repréfentée *planche II, figure 8*, qui doit avoir à-peu-près la forme du fond de la chaudière, & à le jeter dans un panier *A, figure 7*, pofé fur des barres *x x* de fer qui traverfent la chaudière.

Dans quelques provinces, les Salpêtriers font dans l'ufage de fufpendre au milieu de leur chaudière, à plufieurs pouces au-deffous de la furface de la cuite, un panier à voies ferrées, deftiné à recevoir la boue, les matières étrangères, & même le fel marin qui fe précipite pendant l'évaporation. Le mouvement de l'ébullition partant toujours des bords ou plutôt des parois de la chaudière, il y a moins d'agitation dans le milieu que dans les autres parties de la liqueur; & c'eft en conféquence dans cette partie, que fe dépofent tous les corps pefans qui ont été entraînés & foulevés par la violence de l'ébullition.

Soit qu'on faffe ufage ou non de ce panier, on continue l'évaporation & on enlève le grain à mefure qu'il fe forme, jufqu'à ce que la liqueur foit parvenue au point qu'il fe criftallife beaucoup de Salpêtre par refroidiffement : on reconnoît ce degré d'évaporation en faifant tomber de temps en temps fur un corps froid, quelques gouttes de la liqueur contenue dans la chaudière; on juge du degré d'évaporation, par la quantité d'aiguilles criftallifées de Salpêtre qui fe forment à mefure qu'elle fe refroidit.

Lorfque la cuite eft parvenue à cet état, on la retire avec de grandes cuillers de cuivre, dont une eft repréfentée *planche II, figure 9*, & on la porte dans un lieu frais où elle eft mife à criftallifer dans de grands baffins de cuivre *c, c, & D, planche III, figures 7 & 8*; on a coutume de garnir ces baffins de couvercles de bois, pour empêcher l'effet d'un refroidiffement trop prompt. Dans les fabriques où l'on adoptera la manière de leffiver des Indiens, on pourra pratiquer, fous la foffe la plus élevée *A, planche III, figure 2,* un rafraîchiffoir *D* voûté où on portera le Salpêtre à criftallifer.

Dans les pays où la vente du fel eft libre & où il a peu de valeur, les Salpêtriers ont un grand intérêt à laiffer dans le Salpêtre, le plus de grain qu'il eft poffible; il n'en eft pas de même dans les provinces où le Roi exerce le privilége exclufif de la vente du fel; ils trouvent alors plus d'avantage à le féparer & à le vendre en fraude, non pas, il eft vrai, au prix du privilége, mais à un prix au moins fort fupérieur à fa valeur naturelle : ce n'eft donc plus en fel qu'ils forcent alors leur falpêtre, mais en eau-mère; & c'eft d'après ces confidérations, que le Miniftre fe propofe d'accorder des récompenfes honnêtes à ceux qui fourniront le Salpêtre de la meilleure qualité.

Dans quelques provinces, on eft dans l'ufage, lorfque la cuite eft parvenue à un degré d'évaporation convenable, avant de la porter à criftallifer, de l'entrepofer pendant l'efpace d'une demi-heure ou d'une heure dans un grand réfervoir de bois, garni d'un robinet placé à quelques pouces au-deffus de fon fond. Une portion affez confidérable de grain ou fel marin qui étoit fufpendu dans la liqueur, fe dépofe au fond du vafe pendant cet intervalle; lorfqu'enfuite on tire la cuite par le robinet & qu'on met à criftallifer, on obtient du Salpêtre plus pur : cette méthode eft extrêmement avantageufe, & il feroit très à fouhaiter qu'on pût la rendre générale; mais, comme on l'a déjà fait obferver, l'intérêt des Salpêtriers s'y oppofe dans plufieurs provinces, & cet obftacle l'empêchera probablement de prendre autrement que dans des établiffemens en grand, & à l'égard des Entrepreneurs honnêtes qui préféreront leur réputation & le fervice du Roi à un intérêt modique.

Il faut plufieurs jours de repos dans le rafraîchiffoir, pour que le Salpêtre criftallife complétement; après quoi on tranfvafe l'eau furnageante, & l'on met le Salpêtre à égouter,

foit

foit en appuyant le baffin contre une muraille, comme il eft repréfenté *planche III, figure 8,* foit en appliquant l'un contre l'autre deux baffins, qu'on place dans une efpèce de baquet enterré, jufqu'à fon ouverture fupérieure, comme il eft repréfenté *figure 7 de la même planche.*

ARTICLE XI.

*De l'ufage de l'*Aréomètre *ou* Pèfe-liqueur, *pour connoître le degré des Eaux, & de la manière de graduer cet inftrument.*

Deux objets principaux doivent fixer l'attention du Salpêtrier dans le leffivage des terres; 1.° de charger fes eaux de Salpêtre le plus qu'il eft poffible, afin d'abréger l'évaporation, d'économifer le bois, & d'obtenir plus de Salpêtre d'une quantité donnée de cuite; 2.° de dépouiller complètement la terre de Salpêtre, ou du moins de n'y en laiffer que le moins qu'il eft poffible.

On conçoit, d'après cela, que l'art de leffiver les terres, doit tendre à obtenir d'une part, la cuite la plus forte, & de l'autre le relavage le plus foible qu'il eft poffible; d'où il fuit que fi le premier objet ne fe trouve pas fuffifamment rempli, fi la cuite n'eft pas affez forte, il faut la repaffer fur de nouvelles terres; de même que fi le relavage eft trop chargé, il faut repaffer de nouvelle eau pure fur la terre, & ainfi jufqu'à ce qu'elle foit prefque entièrement épuifée.

On ne fauroit croire jufqu'à quel point eft portée à cet égard l'ignorance de quelques Salpêtriers des provinces; les uns évaporent des eaux qui ne contiennent prefque pas de Salpêtre, tandis que les autres rejettent des terres qui en contiennent encore beaucoup.

Il eft, d'après cela, d'une très-grande importance, de

F

donner aux Salpêtriers, des moyens fimples, faciles & fûrs., pour reconnoître fur le champ le degré des eaux qu'ils obtiennent, & c'eft fur quoi le pèfe-liqueur peut leur être d'un grand fecours.

On voit cet inftrument repréfenté *planche II, figure 10;* il eft aujourd'hui trop répandu dans les Arts & trop connu dans la fociété, pour qu'il foit néceffaire de s'étendre ni fur la manière de le conftruire, ni fur les principes de fa conftruction; il n'y a point d'ailleurs de faifeurs de baromètres & de thermomètres à qui cet inftrument ne foit familier, & qui ne foient en état d'en conftruire : on fe bornera ici en conféquence à donner quelques détails fur la manière de le graduer, & à indiquer une méthode exacte & fûre pour divifer en tout temps & en tous lieux, indépendamment de toute différence de poids & de mefure, autant de ces inftrumens qu'on voudra, qui s'accordent tous entre eux, & dont la marche foit parfaitement uniforme.

La première idée de la graduation qu'on a cru devoir adopter pour l'ufage des fabriques de Salpêtre, vient des falines de Lorraine & de Franche-comté; on s'y fert depuis long-temps d'un pèfe-liqueur dont la divifion eft telle, que chacun de fes degrés exprime la quantité pour cent, de fel contenu dans l'eau. Il n'exifte rien d'imprimé fur la manière dont a été gradué ce pèfe-liqueur; mais voici la méthode qu'on a cru devoir adopter, comme la plus fimple & la plus fûre, pour remplir le même objet, à l'égard de celui des Salpêtriers.

La première opération pour graduer le pèfe-liqueur, doit être de le lefter de mercure ou de cendrée de plomb, dans fa partie inférieure *bb, planche 11, figure 10;* de manière que, plongé dans l'eau, la partie fupérieure de fa tige ne s'élève que de huit à dix lignes au-deffus de fa furface. Ce point où répond la furface de l'eau, & qui eft déterminé dans la *figure 10,* par le mot *eau pure,* doit être

exactement marqué avec une foie très-fine, ou mieux
encore par un trait à l'encre, tracé tranfverfalement fur une
bande de papier roulé, qu'on introduit dans la tige *A C.*
Cette bande de papier s'élève ou s'abaiffe jufqu'à ce que
le trait d'encre concoure exactement avec la furface de
l'eau. On donne le nom de *fauffe divifion* à cette première
bande de papier; elle ne fert que pendant le temps de
l'opération, après quoi on la retire, & on en fubftitue une
autre, fur laquelle toutes les divifions font tracées, ainfi
qu'on va l'indiquer bientôt.

Cette première opération faite, c'eft-à-dire le degré de
l'eau pure une fois marqué fur tous les pèfe-liqueurs qu'on
fe propofe de divifer, on préparera vingt bouteilles, de
contenance de quatre pintes environ chacune, & on mettra
dans la première, une once de Salpêtre & quatre-vingt-
dix-neuf onces d'eau; dans une feconde, deux onces de
Salpêtre & quatre-vingt-dix-huit onces d'eau; dans une
troifième, trois onces de Salpêtre & quatre-vingt-dix-fept
onces d'eau, & ainfi de fuite jufqu'à la vingtième bouteille,
qui contiendra vingt onces de Salpêtre & quatre-vingt onces
d'eau, c'eft-à-dire vingt pour cent de Salpêtre.

On fait que c'eft une propriété des fels, d'augmenter
la pefanteur fpécifique de l'eau dans laquelle on les diffout,
& que cette augmentation de pefanteur eft, à peu de chofe
près, proportionnelle à la quantité du fel diffout; le pèfe-
liqueur s'enfoncera donc un peu moins dans l'eau de la
première bouteille que dans l'eau pure, moins dans l'eau
de la feconde bouteille que dans celle de la troifième, &
ainfi de fuite; de forte qu'en mefurant exactement avec
un compas ces divers degrés d'enfoncement, en partant
toujours du premier terme, qui eft celui de l'eau pure, &
en les rapportant fur une bande de papier deftinée à fervir
de divifion, on aura l'échelle que l'on defire, c'eft-à-dire
une échelle divifée de telle manière, que chacun de fes

F ij

degrés exprimera une différence de un pour cent dans la quantité de Salpêtre contenue dans l'eau. Lorsque la petite bande de papier aura été ainsi graduée & numérotée, on la roulera & on l'introduira dans la tige, à la place de la fausse division ; mais une attention qu'il ne faut pas manquer d'avoir, c'est de revérifier le terme de l'eau pure avant de la fixer, parce que cette nouvelle bande de papier se trouvant communément un peu plus ou un peu moins pesante que la première qui y avoit été introduite, il en résulteroit une différence dans le degré d'enfoncement du pèse-liqueur. On rectifie la petite erreur qui en résulteroit, en enfonçant plus ou moins la bande de papier, jusqu'à ce que la surface de l'eau réponde exactement au zéro de l'échelle. Lorsque tout a été ainsi exécuté, le pèse-liqueur est fait : on fixe la division par le moyen d'un petit morceau de cire d'Espagne qu'on introduit entre le papier & l'intérieur du tube, & qu'on fait fondre à la chaleur d'une bougie ; enfin on ferme hermétiquement le haut de la tige, soit avec un chalumeau, soit avec une lampe d'Émailleur.

On a commencé par construire huit pèse-liqueurs très-grands & très-sensibles, sur ces principes, pour servir d'étalons, & ils sont conservés soigneusement à l'arsenal de Paris. Le succès a répondu parfaitement aux soins qu'on avoit pris pour les construire, & ils ne diffèrent pas entre eux d'un huitième de degré ; on s'est ensuite adressé au sieur Mouffy, Constructeur d'instrumens de Physique de l'Académie des Sciences, pour en avoir un plus grand nombre ; mais on lui a imposé la condition de ne laisser sortir de ses mains, aucun de ces instrumens, sans qu'il n'eût été préalablement numéroté & comparé avec les étalons de l'arsenal, de laquelle épreuve il sera délivré un certificat qui accompagnera chaque pèse-liqueur. Par ce moyen, le Public pourra compter sur l'exactitude des pèse-liqueurs qui lui seront délivrés par le sieur Mouffy : *il demeure rue & place Royale.*

Chacun de ces inftrumens fera contenu dans une petite boîte de fer-blanc, laquelle fera renfermée dans une un peu plus grande qui lui fervira d'étui : lorfqu'on voudra faire une épreuve, on emplira celle-ci jufqu'à un doigt du bord ; on y plongera le pèfe-liqueur, & on obfervera le degré. Si, par exemple, la furface de l'eau répond à douze, on en conclura que la liqueur contient douze pour cent, tant de Salpêtre que de fel & d'eau-mère ; & fi l'on fait d'ailleurs, par des expériences préalables, que le déchet de l'atelier où l'on travaille eft d'un quart ou d'un tiers, on en conclura que la liqueur qu'on vient d'effayer, contient huit ou neuf pour cent de Salpêtre.

Les épreuves qu'on a déjà faites à Paris avec cet inftru-ment, ont appris que les cuites des Salpêtriers de cette ville, ne font bonnes à évaporer, qu'autant qu'elles font au moins à douze degrés, c'eft-à-dire qu'autant qu'elles contiennent douze pour cent de Salpêtre : il n'y auroit aucun inconvénient à les porter à quelques degrés au-deffus ; mais on ne peut en évaporer de plus foibles, fans faire une confommation de bois inutile : de même le rela-vage ne doit jamais avoir plus de trois quarts de degrés, ou un degré tout au plus ; autrement on peut être affuré qu'il refte beaucoup de Salpêtre dans les terres, & c'eft alors le cas d'y repaffer de nouvelle eau.

On fuppofe dans tout ceci, qu'on fe fervira d'eau de rivière : fi au contraire on employoit de l'eau de puits, ou toute autre qui fût un peu plus pefante, & qui, par exemple, marquât un quart ou un demi-degré au pèfe-liqueur, il faudroit alors porter les cuites à douze degrés un quart ou douze degrés & demi ; de même le relavage pourroit avoir jufqu'à un degré un quart ou un degré & demi.

ARTICLE XII.

De l'ufage de la Potaffe pour la fabrication du Salpêtre.

Ceux qui ont lû avec attention le commencement de cette Inftruction, fentent déjà fans doute quel eft l'ufage de la cendre dans la fabrication du Salpêtre, & pourquoi il eft impoffible de faire du Salpêtre fans cette fubftance, ou fans une autre analogue qui la remplace. On fe rappelle que le Salpêtre proprement dit, eft un compofé de deux fubftances unies, & combinées dans une proportion conf- tante & toujours la même; ces deux fubftances font l'acide nitreux & l'alkali fixe.

Le Salpêtre qui fe forme dans les terres, au moins pour la plus grande partie, contient bien l'un de ces principes; favoir, l'acide nitreux, mais cet acide eft le plus fouvent uni à une terre calcaire; il forme avec elle un nitre à bafe terreufe, connu fous le nom *d'eau-mère;* & pour transformer ce dernier fel en vrai Salpêtre, il faut d'une part précipiter la terre calcaire, & de l'autre y fubftituer un alkali fixe.

Les cendres, en raifon de l'alkali fixe qu'elles contiennent prefque toutes, foit à nu, foit dans un état de combi- naifon, font propres à remplir cet objet; &, comme on l'a déjà dit, les Salpêtriers, en mêlant des cendres avec les terres qu'ils fe propofent de leffiver, font, fans s'en douter, une opération de chimie très-compliquée; ils décompofent un fel & en recompofent un autre.

Mais, puifque les cendres n'agiffent fur le Salpêtre à bafe terreufe qu'en raifon de la partie alkaline qu'elles con- tiennent, il s'enfuit que fi on extrait des cendres l'alkali fixe par lexiviation & par évaporation, on obtiendra un fel qui, fous un très-petit volume, pourra remplacer un très-gros volume de cendres.

Cet alkali fixe, ce fel extrait des cendres, exifte dans

le commerce, & il y eft connu fous le nom de *potaffe*; on le fabrique en abondance en Suède, en Danemarck, dans toutes les forêts du Nord de l'Allemagne, & il eft aifé de l'avoir en France à bon marché : on aura donc toujours un moyen fimple, facile & peu difpendieux, de remplacer la cendre dans les pays où elle eft rare & chère; & la fabrication du Salpêtre qui, dans certaines villes, dans certaines provinces, eft limitée par le défaut de cendres, pourra, en s'en fervant, faire une progreffion confidérable.

Bien plus, on croit pouvoir affurer que, même dans les endroits où l'on peut fe procurer des cendres, la potaffe fera encore prefque toujours préférable, & voici les motifs fur lefquels eft fondée cette opinion.

Premièrement, la plupart des cendres que les Salpêtriers emploient dans les grandes villes, font le rebut des autres Arts, & elles ne contiennent que peu ou point du tout d'alkali fixe : celles dont fe fervent les Salpêtriers de Paris font dans ce cas; on n'en tire le plus fouvent par la lexiviation, qu'un peu de fel de Glauber, du tartre vitriolé, & fur-tout beaucoup de fel marin : or, de toutes ces fubftances, le tartre vitriolé feul, contient l'alkali fixe végétal qui doit fervir de bafe au Salpêtre; lui feul peut donc être de quelqu'utilité pour la converfion de l'eau-mère en falpêtre.

Secondement, la cendre occupant un tiers de la capacité des cuveaux dans lefquels fe fait la leffive, la quantité de terre falpêtrée en eft d'autant moindre, & il en réfulte une diminution proportionnelle dans la quantité de Salpêtre qu'on obtient.

Troifièmement, la cendre étant un corps poreux, abforbe une quantité confidérable d'eau qu'elle retient enfuite avec opiniâtreté; or cette eau qui refte dans la cendre, tient du Salpêtre en diffolution : d'où il fuit qu'il refte en pure perte dans la cendre, une quantité de Salpêtre proportionnée à la quantité d'eau qu'elle est susceptible d'absorber.

Quatrièmement, la cendre a un prix assez considérable dans presque toutes les parties du royaume, & l'on croit pouvoir assurer que ce prix est communément fort supérieur à celui de la potasse, proportionnellement à la quantité d'alkali fixe que ces deux substances contiennent.

Cinquièmement, les cendres sont imprégnées communément de beaucoup de parties grasses & extractives, de beaucoup de saletés qui ne peuvent que nuire à la qualité du Salpêtre, l'empâter & l'empêcher de bien cristallifer.

D'après ces considérations, d'après l'expérience de la Suède, & sur-tout d'après des épreuves dirigées vers cet objet, & qui ont eu le plus grand succès, on se croit autorisé à conseiller à tous ceux qui s'occupent de la fabrication du Salpêtre, de ne mettre au fond des cuveaux qu'une très-petite portion de cendre, & seulement pour servir de filtre, & de remplacer le surplus par une addition de potasse : voici la manière dont on croit devoir conseiller d'en faire usage.

Lorsque les cuveaux auront été suffisamment remplis de terre, on mettra par-dessus, dans le creux qu'on a dû ménager pour contenir l'eau, la quantité de potasse qu'on veut employer ; après quoi, on procédera au lessivage en la manière accoutumée : d'abord l'eau dissoudra la potasse ; après quoi, cette dernière se filtrant à travers la terre, rencontrera le nitre à base terreuse, le décomposera & le transformera en Salpêtre ; au point que si la quantité de potasse a été bien proportionnée, la lessive qui coulera ne contiendra plus d'eau-mère.

Ce ne sont que les terres neuves qu'on doit traiter par la potasse, c'est-à-dire qu'on ne doit l'employer que pour les cuveaux de la première bande, par la raison que ces terres devant être lavées successivement

par

par trois différentes eaux, il reſtera moins de potaſſe dans la terre.

Il eſt difficile de rien preſcrire de précis dans une inſtruction générale, ſur la quantité de potaſſe qu'on doit employer pour une quantité donnée de terre; elle dépend de l'état de ces mêmes terres, de leur richeſſe, de la quantité de nitre à baſe terreuſe qu'elles contiennent, enfin de toutes circonſtances qu'il eſt impoſſible de prévoir: tout ce donc qu'on peut faire ici, eſt de donner des règles ſûres d'après leſquelles chaque particulier pourra déterminer lui-même la quantité de potaſſe qu'il doit employer relativement aux circonſtances dans leſquelles il ſe trouve.

On fera diſſoudre à cet effet, d'une part, une partie de potaſſe dans deux parties d'eau; on filtrera cette liqueur, ou bien on la laiſſera s'éclaircir d'elle-même; après quoi, on la mettra à part dans une bouteille ou dans un flacon: d'une autre part, on aura de l'eau-mère très-pure qu'on coupera avec trois ou quatre fois ſon poids d'eau, & on conſervera cette liqueur, comme la première, dans une bouteille ou dans un flacon. Quand on voudra ſavoir ſi l'on a employé trop ou trop peu de potaſſe dans une première épreuve, on recevra dans un verre la leſſive qui coulera du cuveau, & on y verſera quelques gouttes de la diſſolution de potaſſe ci-deſſus; ſi la leſſive blanchit, on pourra être aſſuré que la précipitation de la terre n'a pas été complette, & que par conſéquent on n'a pas employé ſuffiſamment de potaſſe: ſi au contraire la liqueur ne trouble pas par la diſſolution de potaſſe, on recevra dans un autre verre, une nouvelle portion de la même leſſive, dans laquelle on verſera quelque peu de l'eau-mère coupée avec de l'eau dont on vient de parler; s'il y a excès de potaſſe, ou ce qui eſt la même choſe, excès d'alkali fixe, la liqueur troublera; enfin, ſi la leſſive ne trouble dans aucun des

G

deux cas, on fera certain qu'il y a une jufte proportion de potaffe.

En général, il vaut mieux employer moins de potaffe qu'il n'en faut, que d'en employer trop ; il eft vrai qu'alors il refte un peu d'eau-mère non décompofée, mais elle fe retrouve dans les eaux lors de la criftallifation ; & lorfqu'on en a amaffé une certaine quantité, on peut la traiter féparément, comme on l'expliquera bientôt.

Au lieu d'employer la potaffe comme on vient de l'expofer, c'eft-à-dire en la mettant fur les terres & en verfant par-deffus l'eau qui doit les leffiver, on peut la faire diffoudre préalablement dans une quantité connue d'eau. Par exemple, on peut employer deux livres d'eau contre une de potaffe : alors quand on voudra employer une livre de potaffe, on fera obligé d'employer trois livres de la liqueur ci-deffus.

Le Gouvernement a tellement à cœur d'accréditer l'ufage de la potaffe dans la fabrication du Salpêtre, & il eft fi perfuadé des grands avantages qui en réfulteront, qu'il a autorifé les Régiffeurs des poudres, à faire des gratifications en potaffe, foit aux Salpêtriers, foit aux particuliers qui fe détermineront à former des établiffemens, & ils ont pris les précautions néceffaires pour s'en procurer de la meilleure qualité.

A R T I C L E X I I I.

D'une matière alkaline très-commune, qui peut fuppléer aux Cendres & à la Potaffe.

C'EST en leffivant la cendre & en faifant évaporer l'eau qui a fervi à la laver, qu'on fabrique la potaffe qui nous vient d'Allemagne & du Nord de l'Europe ; il fuit de-là, qu'une leffive de cendre, fur-tout de cendre de bois neuf, tient néceſſairement une portion de potaſſe ou de ſel alkali en diſſolution. Il eſt donc d'une très-grande importance de raſſembler avec ſoin, pour la fabrication du Salpêtre, toutes les eaux de blanchiſſeries ou de buanderies, qui ne ſont autre choſe que des leſſives de cendres.

On ne fait aucun uſage de ces eaux dans les Arts; elles n'ont nulle valeur, & la quantité qui s'en perd tous les jours eſt très-conſidérable. Il eſt trois manières de les rendre utiles pour la fabrication du Salpêtre.

Premièrement, en les employant pour l'arroſage des terres diſpoſées ſous les hangars, & qu'on ſe propoſe de ſalpêtrer; ſecondement, en les employant au lieu d'eau pure pour leſſiver les terres; troiſièmement enfin, en les mêlant avec les eaux-mères pour en précipiter la terre & les convertir en Salpêtre: de ces trois manières, la ſeconde eſt celle dont on croit devoir préférablement conſeiller l'uſage. Si la quantité de ces eaux, qu'on peut ſe procurer, n'eſt pas ſuffiſante pour leſſiver toutes les terres, on les mêlera avec d'autre eau, à laquelle on ajoutera de la potaſſe; & on aura une économie d'autant plus grande ſur la quantité de potaſſe ou de cendre, qu'on aura employé davantage de ces eaux.

ARTICLE XIV.

Du Traitement des Eaux-mères.

Lorsque l'évaporation a été achevée, & que la cuite a été miſe à criſtalliſer, ſa totalité ne ſe convertit point en Salpêtre par le refroidiſſement; il ſe forme ſeulement au fond & ſur les parois intérieures du baſſin, une couche de trois à quatre pouces de ce ſel, & le ſurplus reſte en liqueur: communément on tranſvaſe tout ce qui ſurnage à la criſtalliſation; on remet par-deſſus une nouvelle quantité de liqueur prête à criftallifer, & ainfi fucceffivement jufqu'à ce qu'en appliquant couche fur couche, on foit parvenu à former de gros pains de Salpêtre.

On raffemble les eaux de la cuite qui ont ainfi donné du Salpêtre par une première criftallifation, & elles portent le nom d'*eaux de rebouillage;* communément on les fait évaporer de nouveau, & on en tire du Salpêtre un peu moins bon, il eft vrai, que le premier; mais cependant d'une qualité paffable, quand on n'a pas trop forcé l'évaporation: enfin la liqueur qui refte après cette feconde criftallifation, porte le nom *d'eau - mère.* Cette dernière contient encore, 1.° du Salpêtre à bafe d'alkali fixe, en proportion de ce qui refte d'eau pour le tenir en diffolution; 2.° du fel marin; 3.° du nitre à bafe terreufe; 4.° du fel marin à bafe terreufe.

Dans le plus grand nombre des ateliers de Salpêtriers, on eft dans l'ufage, ou de jeter ces eaux - mères fur les cuveaux de la première bande, c'eft-à-dire fur ceux qui font chargés de terre neuve, ou de les verfer en tout ou en partie dans la chaudière, pour être confondues avec la cuite fuivante, ou enfin de les jeter fur les amas de terre ou de platras deftinés à être leffivés.

On parvient bien par ces trois méthodes, à féparer des eaux-mères, la plus grande partie du Salpêtre à bafe d'alkali fixe qu'elles contiennent; mais l'eau - mère proprement dite, le nitre & le fel marin à bafe terreufe, n'étant point décompofés, ils fe perpétuent de cuites en cuites, & circulent perpétuellement de la chaudière dans les terres & des terres dans la chaudière : loin donc que la quantité d'eau - mère contenue dans un atelier, diminue par ces méthodes, elle s'accroît à chaque cuite, & le Salpêtre qui s'y fabrique fe détériore de jour en jour.

L'induftrie peu éclairée de quelques Salpêtriers, leur a fait imaginer différens moyens qu'ils ont cru propres à diminuer la quantité des eaux-mères; ils fe font perfuadés que cette liqueur ne refuſoit de criſtallifer que parce que le Salpêtre qu'elle contenoit étoit enveloppé de parties graſſes, & qu'il fuffiſoit de le dégraiſſer pour l'obtenir ſous la forme criſtalline qui lui eſt propre. Cette erreur que des Écrits d'ailleurs très-ſavans peuvent avoir accréditée, s'eſt exceſſivement répandue parmi les Salpêtriers, & toutes leurs idées ſe ſont portées à former des dégraiſſoirs, des eſpèces de filtres dans leſquels ils ſe perſuadoient que le Salpêtre dépoſoit ſa graiſſe & même ſa terre.

Quelques-uns ont été juſqu'à former des dégraiſſoirs avec de la mouſſe ou du ſable, ſubſtances qui ne contiennent point d'alkali fixe : ils ſont bien parvenus par cette méthode, à ſéparer quelques portions de Salpêtre, qui, comme on l'a déjà dit, ſe trouve naturellement dans l'eau-mère; mais ils n'ont point converti un ſeul atome de nitre à baſe terreuſe en Salpêtre, & par conſéquent le but principal de leur opération a été manqué.

D'autres plus raiſonnables & plus inſtruits, ont garni de cendres leurs dégraiſſoirs; & voici comme on procède encore à cet égard dans quelques provinces de France.

On a près de la chaudière où ſe fait l'évaporation, un grand tonneau ou eſpèce de cuve percé par en bas, qu'on garnit de cendres juſqu'à moitié ou juſqu'aux deux tiers de ſa capacité: lorſque la cuite commence à bouillir on en verſe une portion dans cette cuve ou tonneau, on l'y filtre & on remet dans la chaudière la liqueur à meſure qu'elle s'écoule; on répète ces filtrations pendant la plus grande partie du temps que la cuite eſt en évaporation.

Il eſt certain qu'on convertit en Salpêtre, par cette méthode, une quantité de nitre à baſe terreuſe, proportionnée à la quantité d'alkali fixe contenue dans la cendre qu'on emploie; mais comme en même-temps cette dernière ſubſtance ne contient qu'une très-petite quantité d'alkali fixe, il faudroit premièrement pour décompoſer toute l'eau-mère, employer un volume de cendres énorme & dix fois plus grand qu'on ne l'a employé jufqu'ici : il faudroit en fecond lieu, pour le lavage de ces cendres, employer une quantité très-confidérable d'eau ; enfin, malgré cette grande quantité d'eau, il refteroit encore dans la cendre beaucoup de Salpêtre, & peut-être plus qu'il n'en réfulteroit de la décompofition de l'eau-mère ; de forte que cette méthode portée même au point de perfection dont elle eft fufceptible, préfente une dépenfe en cendre très-confidérable, une perte de Salpêtre affez grande, enfin, une confommation de bois très-forte pour parvenir à réduire les eaux, tous inconvéniens qui doivent concourir à la faire rejeter.

D'après ces réflexions, le premier & le meilleur confeil qu'on ait à donner à ceux qui s'occupent de la fabrication du Salpêtre, eft de chercher à décompofer, autant qu'il fera poffible dès l'origine, le nitre à bafe terreufe & à le convertir en Salpêtre, en ajoutant aux terres à mefure qu'elles feront leffivées, une quantité fuffifante de potaffe, ou fi les circonftances le permettent, une grande quantité d'eau de leffive & de buanderies ; alors comme les eaux furnageantes à la criftallifation du Salpêtre, ne feront plus à proprement parler des eaux-mères, qu'elles ne contiendront plus de fels à bafe terreufe, mais feulement du vrai Salpêtre & du fel marin ; il n'y aura plus aucun inconvénient de reverfer les eaux de cuites en cuites pour en continuer l'évaporation & en retirer le Salpêtre.

Si cependant d'après des confidérations particulières qu'on ne peut prévoir, on ne juge pas à propos d'employer dès l'origine, une quantité fuffifante de potaffe ; alors il faudra à chaque cuite, mettre à part les eaux qui refuferont de criftallifer, & lorfqu'on en aura raffemblé une quantité fuffifante pour en faire une cuite, les faire rebouillir dans la chaudière, pour en obtenir le plus de Salpêtre criftallifable qu'il fera poffible ; enfin, lorfque ces eaux feront réduites à la condition d'eaux-mères pures, qu'elles ne contiendront plus que des fels à bafe terreufe non fufceptibles de criftallifer, on les raffemblera dans de grandes cuves ou tonneaux, pour les traiter de la manière fuivante.

On pèfera d'abord les eaux-mères pour en connoître la quantité; après quoi, on les étendra dans cinq fois leur volume d'eau environ : on préparera en même temps une quantité de potaffe de fix onces par livre d'eau-mère; on la fera diffoudre dans le double de fon poids d'eau, & on mêlera peu-à-peu, & en remuant avec un bâton, cette diffolution avec l'eau-mère. Dès le premier inftant du mélange, la liqueur fe troublera, elle deviendra blanche, & elle s'épaiffira de plus en plus, jufqu'à ce que toute la quantité de potaffe néceffaire pour la précipitation ait été verfée; alors, fi on laiffe repofer la liqueur, il fe raffemblera au fond du vaiffeau, une quantité de terre crétacée très-confidérable, qu'on connoît dans le commerce fous le nom de *magnéfie*.

Comme cette terre eft très-fine & très-légère, il faut du temps pour que la liqueur s'éclairciffe entièrement. Il eft néceffaire, pour qu'on puiffe la tirer commodément à clair, que le cuveau ou tonneau dans lequel fe fait l'opération, foit percé à différentes hauteurs, de trous bouchés avec des champleures; on ouvre celle des ouvertures qui répond un peu au-deffus de la furface du précipité terreux, & il ne coule que de la liqueur claire. Il eft toujours aifé de reconnoître, par une épreuve fimple, fi l'on a employé trop ou trop peu de potaffe; on peut voir à cet égard les détails dans lefquels on eft entré *page 49* de cette Inftruction.

Si, au lieu de pefer l'eau-mère, on trouvoit plus commode de la mefurer, alors il fuffit de favoir qu'une pinte d'eau-mère, mefure de Paris, ou quarante-huit pouces cubes, pèfent environ trois livres; & qu'au lieu de fix ónces de potasse par livre, il en faut dix-huit par pinte d'eau-mère.

Tout le nitre à base terreuse, si la quantité de potasse a été bien proportionnée, se convertit dans cette opération en Salpêtre à base d'alkali fixe; & il ne s'agit plus pour obtenir ce dernier sous sa forme cristalline, que de faire évaporer la liqueur tirée à clair. Il est bon de répéter ici que dans toutes les conversions d'eaux-mères en Salpêtre, il est à propos d'employer un peu moins de potasse qu'il ne faut; le seul inconvénient qui puisse en résulter, c'est qu'il reste encore après l'évaporation un peu d'eau-mère non décom‑posée; mais cette eau-mère n'est pas perdue, on la met à part pour l'opération subséquente, & cet inconvénient est beaucoup moindre que ceux qui résulteroient d'un excès de potasse ou d'alkali.

Au lieu de faire à froid, comme on vient de l'expliquer, la précipitation de l'eau-mère, il vaut infiniment mieux, quand les circonstances le permettent, la faire à chaud : alors il suffit d'étendre l'eau-mère de quatre parties d'eau au lieu de cinq, & la précipitation de la terre se fait très‑bien en vingt-quatre heures : on conçoit qu'il en résulte une économie de temps & de bois très-considérable lors de l'évaporation : on peut se servir de la chaudière même pour cette opération ; mais comme elle ne sauroit être percée de broches & de champleures à différentes hauteurs comme un tonneau, on y supplée par le moyen d'un siphon *i n y z, planche III, figure 6*, semblable à celui dont se servent les Marchands de vin, mais beaucoup plus grand; on l'emplit d'abord d'eau par un entonnoir *E* placé dans le haut & dont la douille est garnie d'un robinet *f*. Ce siphon est suspendu au plancher de l'atelier par des cordes *c c* : il est susceptible de s'élever ou de s'abaisser à volonté, & on le fixe de manière que sa branche la plus courte *u t*, soit à quelques lignes au-dessus de la

surface

furface du précipité terreux; alors en tournant le robinet *g*, on parvient à tirer à clair la liqueur furnageante au précipité, & il ne refte que la terre au fond de la chaudière : on conçoit que cette difpofition exige qu'on ait un lieu plus bas que le fond de la chaudière pour pouvoir placer un feau, un baquet ou un vafe quelconque *R* fous le robinet *g*, placé à l'extrémité de la branche la plus longue du fiphon. On a fuppofé ici que le feau ou baquet feroit placé fur l'efcalier qui defcend de la chaudière au fourneau, comme on a été obligé de le faire à la raffinerie de Paris, où l'on traite actuellement les eaux - mères à chaud dans les chau-dières, comme on vient de l'indiquer. On voit, *figure 4 de la même planche*, la projection *n y* de ce même fiphon fur le plan, ainfi que celle de l'entonnoir *E* du robinet *g* & du baquet *R*.

Si au lieu de fe fervir du fiphon pour tranfvafer la liqueur, on veut la retirer de la chaudière par le fecours de l'inftrument appelé *puifoir*, lequel eft repréfenté *planche II, figure 9*, il faut y procéder avec beaucoup de précaution, dans la crainte de troubler la liqueur. Après quoi, on jettera dans la chaudière, une fuffifante quantité d'eau ordinaire pour laver le dépôt terreux ; cette eau, d'après le degré de faturation qu'elle aura acquife, pourra être employée utile-ment dans l'atelier.

Un des Commiffaires des Poudres & Salpêtres, a indiqué dans un Mémoire manufcrit qui n'eft point connu du public, une autre manière de tirer parti des eaux-mères, qui n'eft point fans avantage.

L'Auteur propofe de leffiver les terres falpêtrées, fans addition, ni de cendres ni de potaffe; de raffembler les eaux qui en découlent dans de grandes cuves percées, à différentes hauteurs, de trous garnies de champleures ; de décompofer les fels à bafe terreufe contenus dans ces eaux par une addition de potaffe ; enfin, de les traiter de

H

la même manière qu'on vient de le prescrire pour les eaux-mères, à l'exception qu'elles n'ont pas besoin comme elles, d'être étendues d'eau. Cette méthode est bonne sans doute, & bien préférable au travail actuel ; mais on pense qu'il est plus avantageux encore de se débarrasser des sels à base terreuse, dès le lessivage même des terres. Le résultat est le même, quant à la transformation du nitre à base terreuse en Salpêtre, & il y a une opération de moins à faire. Il faut convenir cependant qu'en faisant passer la potasse à travers les terres, comme on l'a prescrit à l'article du lessivage, il doit nécessairement rester quelques portions de cette substance dans les terres, & cette perte doit entrer en ligne de compte dans l'appréciation des avantages des deux méthodes : mais on doit observer que cette perte est infiniment peu considérable, & on doute que cette considération puisse balancer les avantages de la première méthode ; on croit donc devoir persister à conseiller l'emploi de la potasse, dès le lessivage des terres.

ARTICLE XV.

Du Traitement des Terres après qu'elles ont été lessivées, & des Fosses à putréfaction.

SI les terres n'ont point été lessivées trop tôt, si on a attendu, pour en extraire le Salpêtre, que la putréfaction fut à son terme, & que les matières animales & végétales qui y étoient contenues fussent entièrement décomposées, elles ne contiendront plus, lorsqu'elles auront été lessivées, assez de matières putrescibles, pour que de nouveau Salpêtre puisse s'y former promptement & en abondance : c'est alors qu'il est nécessaire d'introduire de nouveau dans ces terres, des matières animales & végétales, & de les introduire sur-tout dans un état de putréfaction déjà avancé.

59

On a imaginé, pour remplir cet objet, des espèces de réservoirs à putréfaction, des espèces de fosses où l'on amasse indistinctement & sans choix, toutes sortes de matières animales & végétales susceptibles de se putréfier. On jette dans ces fosses tous les animaux morts, de quelque espèce qu'ils soient, grands & petits *, terrestres ou aquatiques, leurs sang, os, poils, plumes, cornes & peaux; leurs excrémens & leur urine, la fiente de pigeons & de volailles, le crotin de chèvre & de brebis, les rognures de cuir, d'étoffes de laine, les raclures de Tanneurs & de Mégissiers, les excrémens des hommes & leur urine.

On y jette également toutes sortes de matières végétales, des plantes de toutes espèces, sauvages & domestiques, & par préférence celles qui sont connues pour contenir du Salpêtre, telles que la pariétaire, la bourache, les buglloses, le grand soleil, &c. On y entasse les plantes qui croissent au bord de la mer & dans la mer même; les fruits, les feuilles, les fumiers, le chaume, le tan, le marc de raisin, le vin, la lie, le tartre, la suie, les balayures des greniers de foin & de paille; celles des maisons, des celliers & des rues, les diverses saumures, les eaux de Teinturiers, celles des buanderies, les eaux épaisses de lavures de vaisselles, &c.

Les matières ainsi mises en putréfaction, ne doivent être que médiocrement humectées, dans la crainte que trop de fraîcheur ne retarde le mouvement de la fermentation : par la même raison, ces fosses doivent être couvertes d'un toit, afin que les matières qu'elles contiennent, soient défendues des injures de l'air, qu'elles ne soient point desséchées par l'ardeur du Soleil, ni détrempées par l'eau des pluies : on recharge ces fosses à mesure que les matières

---

* Lorsqu'on voudra mettre dans ces fosses, des animaux d'un volume un peu considérable, il faudra les dépecer pour qu'ils s'arrangent mieux par lits.

H ij

s'affaissent ; il est néceffaire d'en établir deux, afin qu'on puisse vider l'une tandis que l'autre se reforme.

C'est dans ces fosses qu'on trouvera une masse de ma-tières toujours fermentantes, prêtes à être mélangées avec les terres leffivées : ce mélange devra être fait le plus exactement qu'il sera possible ; après quoi, on disposera de nouveau ces terres, comme il est représenté *planche 1, figure 3,* en rétabliffant la couche à mesure qu'elle aura été détruite pour être leffivée.

On a vu plus haut, & c'est une chose généralement reconnue, que la putréfaction n'a lieu qu'à raison du concours de l'air. Les fosses, de la manière dont on les conftruit communément, n'ont de contact avec l'air que par leur partie supérieure, & il arrive de-là que la putréfaction des parties inférieures est retardée.

L'expérience & les méditations qu'on a été à portée de faire sur cet objet, ont fait sentir combien il seroit inté-reffant de conftruire des fosses dans lesquelles on pût entretenir une circulation conftante d'air, autour & à travers des matières mises en fermentation. Cet objet n'est pas impossible à remplir, & voici à cet égard quelques idées qu'on croit devoir proposer à ceux qui voudront se livrer à des établiffemens en grand. Ils feront libres d'en adopter ou d'en rejeter ce qu'ils jugeront à propos, & on les exhorte sur-tout, avant de rien entreprendre en ce genre, à s'affurer exactement, & par des calculs fûrs, de l'objet de la dépenfe.

On choifira d'abord, pour établir la fosse, un côteau en pente rapide *C D E F, planche IV, figure 1 :* on y creufera une fosse *L M N O, même planche, figure 2,* de vingt-quatre pieds de profondeur fur vingt-quatre pieds de diamètre, qu'on revêtira de maçonnerie. Si les circonftances permettoient de creufer cette fosse dans le roc, on épar-gneroit les frais du revêtiffement.

Cette foffe fera recouverte d'un hangar avec fon toit *IIII*, *figures 1 & 2.*

Pour arriver commodément à la partie inférieure de la foffe, on conftruira, dans le bas du côteau, un canal fouterrein, dont la porte eft repréfentée en *A, figure 1;* on voit l'extrémité intérieure de ce fouterrein également en *A, figure 2.*

Le plan de cette même foffe eft repréfenté *figure 3;* on y voit le plan du hangar, les poteaux *C, C, C, C, C,* qui foutiennent le comble, le mur en terre qui lui fert de clôture, la maçonnerie *b b b b b* qui foutient les terres.

Le point important étant que les matières reçoivent de toutes parts le contact de l'air, on établira intérieurement, à un pied de diftance du revêtiffement de maçonnerie *b b b b, figure 3,* un rang de poteaux *a, a, a, a,* lefquels feront affujettis par des traverfes de bois *d, d, d, d:* on garnira l'intervalle des poteaux avec des claies folidement arrêtées; enfin on fermera l'ouverture inférieure *P* de la foffe, celle qui communique avec le canal fouterrein, avec des branchages d'arbres, foutenues fur des poutrelles *m m, m m,* comme on le voit repréfenté *figure 4.*

Il ne faudra pas manquer de creufer en dehors, autour du hangar, un foffé *R R R R, figures 2 & 3,* deftinée à recevoir les eaux de pluie & à leur procurer de l'écoulement.

Lorfque tout aura été ainfi préparé, on recouvrira les branches d'arbres qui forment le faux fond repréfenté *figure 4,* d'un peu de fumier; on établira enfuite par-deffus, les matières animales & végétales qu'on voudra mettre à putréfier par lit, d'un pied d'épaiffeur environ: on féparera chaque lit, par le moyen d'une petite couche de fumier fec; & on pourra encore, fi on le juge à propos, faupoudrer les matières avec un peu de chaux en poudre. Lorfque la foffe fera remplie, on recouvrira toute la maffe avec quelques pouces de fumier fec.

Il fera très-utile pour faire encore mieux pénétrer l'air jufqu'au milieu des matières en fermentation, de placer de diftance en diftance, des tuyaux creux de bois *e e, e e*, *figure 2*, percés de trous dans toute leur longueur; ces tuyaux communiqueront d'une part avec l'air extérieur, par la partie fupérieure de la foffe, & de l'autre avec le canal fouterrein : on pourra encore y ajufter dans la longueur, des portions latérales *ff, ff*, qui communiqueront avec la partie vide qui a été ménagée entre la maçonnerie & les claies.

On voit que par cette conftruction on peut donner aux matières telle quantité d'air qu'on juge à propos: craint-on que le courant d'air ne foit trop confidérable & ne def-sèche trop les matières ! on ferme la porte *A*, *figure 1*, ou même fi l'on veut on recouvre avec des branches d'arbres & de fumier, l'intervalle compris entre la maçonnerie & les claies : craint-on que le froid de l'hiver ou les fraîcheurs de l'automne ne fufpendent le progrès de la putréfaction ! on peut placer dans le canal fouterrein *A*, *figure 2*, un feu doux de charbon, même de bois, & la putréfaction fe trouvera accélérée à la fois, & par la chaleur & par une circulation d'air plus rapide.

Lorfque les matières contenues dans la foffe, auront fuffifamment fermenté, & qu'elles auront été en grande partie décompofées par le progrès de la putréfaction, on dégagera les branches d'arbres qui les tenoient fufpendues fur le faux fond *P*, *figures 3* & *4*; on les tirera par en bas, c'eft-à-dire par le canal fouterrein *A*, *figures 1* & *2*, & on les portera à la Nitrière, pour être mélangées avec les terres leffivées, & entrer dans la compofition de la nou-velle couche.

On pourra de plus répandre une portion de ces matières fur la couche même, & en introduire par l'ouverture des claies *m, m, m, m*, *planche I*, *figure 3*; les arrofages qui viendront par-deffus entraîneront avec eux les parties falines & extractives contenues dans ces matières, & les répartiront dans toute la maffe.

Lorfque la foffe aura été vidée, on la remplira de nouveau, pour opérer de la même manière lorfque les matières auront été putréfiées.

Cette conftruction de foffes à putréfaction, exige comme l'on voit, un local particulièrement difpofé & qu'on n'eft pas maître de fe procurer par-tout; elle feroit d'ailleurs néceffairement fort difpendieufe, ainfi qu'on l'a déjà indiqué plus haut: peut-être feroit-il poffible de remplir le même objet d'une manière plus économique & plus fimple; & voici ce qu'on croit devoir propofer à cet égard. On conftruira deux baffins ronds, de quatre pieds de profondeur & de douze pieds de diamètre, revêtus en bonne maçonnerie, & corroyés tout autour & fous le fond: on les couvrira avec un toit circulaire, foit en chaume, foit en planches pour les garantir de la pluie: on jettera dans ces baffins, des fumiers, des fientes d'animaux, des charognes, &c. on y ajoutera de l'urine, ou, à fon défaut, de l'eau pour les remplir; enfin on jettera dans chacun un demi-tombereau de chaux, & on remuera le tout avec des ringards ou rateaux de bois: dès les premiers inftans la chaux agira fur le fumier & fur les matières végétales & animales, il fe dégagera une quantité très-confidérable d'alkali volatil, & en vingt-quatre heures le tout fera atténué & divifé au point de ne former qu'une efpèce de boue très-propre à entrer dans le mélange des terres. S'il reftoit de l'eau furnageante, elle feroit excellente à employer en arrofages.

La reconftruction de la couche ne différant en rien de fon premier établiffement, on n'entrera pas ici dans de plus grands détails, & on renverra à ce qui a été dit à l'article de l'emplacement des terres fous les hangars: on obfervera feulement que fi les terres fe trouvoient trop humides en fortant des cuveaux, il ne faudroit pas les employer dans cet état ; il feroit néceffaire de les remuer, de les étendre & de les faire fécher en partie, avant que de les faire entrer dans la compofition de la nouvelle couche : on accélère la deffication en mêlant avec la terre, un peu de menue paille.

ARTICLE XVI.

Du produit des Nitrières & du Bénéfice qu'on peut raifonnablement s'en promettre.

RIEN ne varie davantage que la quantité de Salpêtre qu'on retire des terres naturellement falpêtrées : dans quelques provinces, elles ne rendent pas plus de deux onces de Salpêtre par quintal ; en Touraine, elles en rendent communément treize & quatorze ; dans quelques endroits, cette quantité va jufqu'à feize & dix-huit ; enfin, il y a des exemples de terre amendée fous des hangars, qui ont rendu jufqu'à deux & trois livres par quintal. On ne s'arrêtera pas à ces derniers exemples qui tiennent fans doute à des circonftances locales & particulières ; mais on ne croit pas porter les évaluations au-deffus de l'effectif, en fuppofant que la terre des hangars, conduite & foignée comme on l'a prefcrit dans cette inftruction, rendra feize onces par quintal, ou ce qui revient à peu-près au même, douze onces par pied cube.

On a vu, *article VI*, qu'un hangar de cent pieds de long fur trente de large, pouvoit contenir jufqu'à douze & même jufqu'à quinze mille pieds cubes de terre ; chaque hangar pourra donc rapporter tous les deux ans, en prenant la plus baffe de ces deux évaluations, neuf milliers de Salpêtre, c'eft-à-dire, quatre mille cinq cents livres par année, l'une portant l'autre ; lefquelles évaluées à raifon de dix fous la livre, prix accordé par le Gouvernement,

pour

pour le Salpêtre des nouveaux établiffemens, formeront un objet annuel de deux mille deux cents cinquante livres en argent. Tel eft le produit qu'on peut attendre des foins, de l'attention & d'un travail fuivi avec toute l'exactitude poffible : cependant, comme la conduite des hangars, fur-tout dans des entreprifes en grand, fera néceffairement abandonnée à des mains mercénaires, à des Ouvriers qu'on ne peut fuppofer tous du même degré d'intelligence; on diminuera encore dans les calculs fuivans, de près de moitié ce produit, & on fuppofera que chaque hangar de cent pieds de long fur trente de large, ne donnera chaque année, qu'un produit de douze cents livres en argent.

Si d'après cela on fuppofe une Nitrière compofée de dix hangars, on pourra établir les calculs fuivans.

DÉPENSE PREMIÈRE.

Conftruction de dix hangars à deux mille livres chacun.	20000[l]
Prix du tranfport & du charriage des terres dans chaque hangar, à fix cents livres pour chacun; ce qui fait pour les dix................................	6000.
Conftruction d'un atelier d'évaporation, y compris la chaudière, les baffins & autres uftenfiles........	5000.
Prix du terrein enclos de murs................	1500.
Conftruction d'un puits....................	400.
TOTAL de la Dépenfe première............	32900.

DÉPENSE ANNUELLE.

Appointemens d'un premier Ouvrier............	500[l]
Appointemens de cinq autres Ouvriers à 300 liv. chacun.	1500.
Achat de cendre & de potaffe................	2000.
Achat d'urine & de fumier..................	1200.
Quatre-vingts cordes de bois à quinze livres........	1200.
Réparations annuelles.....................	600.
TOTAL...........................	7000.

I

On a vu que chaque hangar pouvoit rapporter en argent, chaque année, douze cents livres; ce qui donne, pour les dix un produit annuel de douze mille livres.

RÉCAPITULATION.

La Recette montera donc à . . . . 12000^l

La Dépenſe à . . . . 7000.

PARTANT, BÉNÉFICE . . . . 5000.

C'eſt-à-dire un peu plus de quinze pour cent de l'avance primitive. On a eu ſoin dans les calculs précédens, de forcer toutes les dépenſes, & de diminuer les produits; ainſi on peut eſpérer plus de bénéfice, mais on ne peut en avoir moins : on ſe trouve donc invinciblement conduit à conclure que l'établiſſement d'une Nitrière fait en grand & avec l'intelligence convenable, eſt une entrepriſe très-avantageuſe ; mais on ne doit pas ſe diſſimuler en même-temps, qu'il en eſt de ce genre d'établiſſement comme de preſque tous les autres ; leur ſuccès dépend de l'économie qu'on emploie dans les conſtructions & dans les dépenſes premières : on doit exclure des Nitrières, tout ce qui peut avoir l'apparence de luxe ou d'ornement, ne faire que l'indiſpenſable ; & le faire de la manière la plus ſimple & la plus économique.

On ne croit pas devoir conſeiller non plus, d'établir la première année, plus de quinze ou vingt hangars : il faut toujours, avant de mettre de gros fonds dans une entre-priſe, être aſſuré du produit; & le plus ſage eſt de ne faire les augmentations que ſur les bénéfices.

ARTICLE XVII.

De la manière d'essayer les Terres & de connoître la quantité de Salpêtre qu'elles contiennent.

QUELQUE procédé qu'on emploie pour la formation du Salpêtre, il n'y a pas lieu de présumer qu'en moins de deux ans les terres puissent être assez salpêtrées pour mériter qu'on les lessive ; on seroit plutôt tenté de croire qu'il y auroit de l'avantage à différer plus long-temps, & à attendre pour lessiver, la révolution des trois années complètes : ce délai, il est vrai, renchériroit le Salpêtre ; mais il y a toute apparence qu'on en seroit amplement dédommagé par l'augmentation du produit. Au reste, de tous les Auteurs qui ont écrit sur cet objet, il n'en est aucun qui se soit expliqué d'une manière bien formelle sur l'époque à laquelle il convient de commencer à lessiver les terres ; sans doute, la différence des terres, des mélanges, des climats, des saisons, apportent une grande variété dans les résultats ; & le peu de temps depuis lequel on commence à s'occuper de cet objet en France, n'a pas permis de faire des expériences assez suivies pour assigner avec précision l'effet de ces différentes causes.

On conçoit, d'après cela, que le seul parti qui reste à prendre à ceux qui se proposent de produire du Salpêtre par les méthodes exposées dans cette Instruction, est de s'assurer de temps en temps, par des essais, de l'état des terres qu'ils ont préparées ; & c'est pour les mettre en état de remplir facilement & sûrement cet objet, qu'on va donner les détails qui suivent.

Le premier appareil, & presque le seul dont on ait besoin pour ces sortes d'épreuves, est un filtre commode, & voici la manière de le préparer : on prendra quatre morceaux de bois équarris, de la groffeur au moins de ceux qu'on emploie pour faire les treillages & les paliffades des efpaliers; on les affemblera de manière à former un chaffis carré de quinze à dix-huit pouces fur chaque face. On attachera fur ce chaffis, un morceau carré de toile claire ou efpèce de canevas, qu'on y fixera, par le moyen de fix ou huit clous d'épingles qui traverferont toute l'épaiffeur du bois, & qui fortiront de quelques lignes au-delà pour former des efpèces de crochets; enfin on étendra fur cette toile une grande feuille de papier gris ou papier à filtrer.

Le filtre ainfi préparé, on le placera fur un baquet ou fur un autre vafe quelconque deftiné à recevoir la liqueur à mefure qu'elle s'écoulera.

Cette première opération faite, on prendra dix livres de la terre qu'on veut effayer; on la mettra dans un chaudron de cuivre ou de fer, de la contenance de huit à dix pintes; on verfera de l'eau par-deffus, & on fera chauffer jufqu'à ce que l'eau ait donné quelques bouillons : alors on verfera la liqueur encore trouble fur le filtre qu'on vient de décrire. Si l'on veut arriver à un réfultat très-exact, il fera nécef-faire de repaffer de nouvelle eau fur la même terre, de faire chauffer comme la première fois, & de filtrer de la même manière.

Un point effentiel avant de faire évaporer cette eau pour en obtenir le Salpêtre, eft de précipiter, par l'alkali fixe, la terre calcaire qui fert le plus communément de bafe à l'acide nitreux : pour cet effet, on peut fe fervir de potaffe, de fel de tartre, de cendre gravelée, de leffive de cendres, & généralement de tel alkali fixe végétal qu'on jugera à propos, & qu'on pourra fe procurer à bon marché : il eft bon de faire obferver que l'alkali fixe doit être préala-blement diffout dans l'eau, & fur-tout qu'il ne doit être verfé que peu-à-peu & en petite quantité à la fois dans la leffive, dans la crainte d'outre-paffer le point de faturation.

Dès les premières gouttes de liqueur alkaline qui tombent dans la leffive, elle fe trouble, & il fe forme un précipité blanc ou rouffâtre qu'il faut laiffer repofer : on continuera enfuite d'ajouter de nouvel alkali, & ainfi fucceffivement jufqu'à ce que la liqueur ne trouble plus par une nouvelle addition ; alors on peut être affuré que la faturation eft complette : il ne s'agit plus en conféquence que de laiffer raffermir le dépôt en tenant la liqueur tranquille, & de la tranfvafer dans une chaudière ou chaudron, pour la faire évaporer. Si l'on s'apercevoit que le dépôt demeurât trop long-temps errant dans la liqueur, & qu'il ne fe raffemblât pas affez promptement au fond, il faudroit filtrer de nouveau.

Il eft bon de commencer ces épreuves au bout de dix-huit mois, de les renouveler de trois mois en trois mois, & même de les répéter fur des portions de terre prifes en différens endroits de la couche ; mais on peut fe difpenfer de faire évaporer à chaque fois la leffive ; & le pèfe-liqueur, dont on a donné la defcription, *article XI* de cette Inftruction, fuffit pour donner une idée affez précife de l'état des terres & du progrès qu'elles ont fait.

Pour faire ufage de cet inftrument, on commencera par pefer exactement la quantité de leffive qu'on aura obtenue ; après quoi on y plongera le pèfe-liqueur, & on obfervera le degré. Pour rendre ceci plus fenfible, on fuppofera qu'on ait effayé dix livres de terre, & que, par l'opération ci-deffus, on en ait obtenu vingt-cinq livres de leffive à deux degrés du pèfe-liqueur.

Il eft clair, d'après ce qui a été expofé ci-deffus, *art. XI,* qu'une leffive qui donne deux degrés au pèfe-liqueur, contient deux livres de matières falines par quintal ; mais comme dans l'expérience qui fait l'objet de la fuppofition actuelle, on n'a obtenu que vingt-cinq livres de leffive, c'eft-à-dire le quart d'un quintal, il s'enfuit que la leffive contient au total le quart de deux livres, autrement dit, huit onces de matières falines; ainfi dix livres de la terre mife en expé-rience, contiennent huit onces de matière faline, ce qui revient à cinq livres par cent. Il eft très-rare de trouver des terres auffi chargées.

Quant à la proportion du fel marin ou de toute autre matière faline qui pourroit fe trouver dans la terre, on ne peut en bien juger que par une évaporation actuelle ou par une évaluation fondée fur des évaporations précédentes. Si, par exemple, dans l'épreuve faite trois mois auparavant, on a reconnu que la terre des couches contenoit deux cinquièmes de fel marin & trois cinquièmes de Salpêtre, on concluera de l'épreuve ci-deffus faite avec le pèfe-liqueur, qu'elle contient trois livres de Salpêtre & deux livres de fel.

EXPLICATION DES FIGURES.

PLANCHE I.

FIGURE 1.

Hangar de cent pieds de long fur trente de large, vu par-dehors en perfpective.

A. Porte d'entrée à deux battans; elle doit être fuffifamment grande pour l'entrée des voitures, & un peu plus haute qu'elle n'eft repréfentée dans la figure.

1 1 1 1. Toît de chaume ou de paille.

H, H, H, &c. Claies à claire-voie, qui fervent à clôre le hangar, & qui font intérieurement revêtues de paillaffons.

On peut fubftituer à ces claies un mur en torchis fait de terre & de paille; mais alors il faut ménager des ouvertures garnies de volets ou au moins de claies difpofées de manière à pouvoir s'ouvrir & fe fermer à volonté.

FIGURE 2.

Plan géométral du même hangar.

A, A, Porte d'entrée.

H, H, H, H. Claies à claire-voie, qui fervent de clôture au hangar.

i, i, i, i. Cuves contenant les liqueurs deftinées pour les arrofages.

B C D E. Parallélogramme qui forme la bafe de l'amas de terre deftiné à fe falpêtrer.

f g F G. Partie fupérieure du même amas, projeté fur le plan.

f B, g C, F D, G E. Poteaux de bois placés aux quatre coins de la couche ou de l'amas de terre, pour en foutenir les angles : ils font plantés obliquement, & fuivent l'inclinaifon du talus de la couche.

Voyez la coupe longitudinale de cette même couche *D E F G*, *figure 3*, & fa coupe tranfverfale *G g E c, figure 7*.

F I G U R E   3.

Coupe de la Nitrière par un plan qui paferoit par le milieu du hangar.

A, A. Porte d'entrée.

I I I I. Toît du hangar vu par-dedans.

H, H, H, H. Claies vues par-dedans.

D E F G. Maffe de terre, ou couche deftinée à la production du falpêtre.

m, m, m, m, m, &c. Claies triangulaires qui traverfent la maffe de terre dans fa largeur, & qui font deftinées à diftribuer l'air dans toutes fes parties.

Une de ces claies *m m*, eft repréfentée féparément *figure 4*, & fa coupe *l m n, figure 5*.

i, i. Cuves contenant les liqueurs deftinées pour les arrofages.

F I G U R E   6.

Hangar vu par un des bouts.

Les mêmes lettres s'appliquent aux mêmes objets que ci-deffus.

F I G U R E   7.

Coupe du hangar fuivant fa largeur.

G g, E C. Couche de terre deftinée à fe falpêtrer.

F I G U R E 8.

Inftrument deftiné à introduire la liqueur néceffaire pour les arrofages fous les claies·*m, m* de la *figure 3.*

t r. Tuyau de bois ouvert en *t* & fermé en *r.*

S. Entonnoir par où on verfe la liqueur.

t. Ouverture par laquelle elle s'écoule.

F I G U R E 9.

Autre inftrument deftiné à porter les arrofages dans l'intérieur de la maffe de terre, par les ouvertures des claies *m, m, m, figure 3.*

Cet inftrument eft compofé 1.° d'un entonnoir *S*, de figure cylindrique, afin qu'on puiffe mieux connoître les quantités de liqueur qu'on y introduit : 2.° d'un robinet *R*, qui, fuivant qu'il eft ouvert ou fermé, permet ou ne permet pas à la liqueur de s'écouler par les tuyaux *t n x y.* 3.° de trois parties de tuyaux, *t n, n x, x y.* fufceptibles de rentrer les unes fur les autres, comme les tuyaux de lunettes.

b, b. Boutons dont on fe fert pour tirer les tuyaux, & les faire rentrer fur eux-mêmes.

F I G U R E 10.

Même inftrument dont les trois tuyaux font rentrés les uns fur les autres.

b. Les deux boutons rapprochés.

F I G U R E 11.

Coupe des tuyaux pour exprimer la manière dont ils s'ajuftent, & comment ils fe fixent à un point de repos lorfqu'ils font entièrement étendus.

F I G U R E 12.

Portions des mêmes tuyaux vus féparément.

PLANCHE II.

PLANCHE II.

Leffivage des Terres, fuivant la méthode ufitée en Europe.

FIGURE 1.

Atelier pour le leffivage des terres falpêtrées & pour l'évaporation des eaux, vu par-dehors.

FIGURE 2.

Même atelier, vu par-dedans.

T, T, T, T, &c. Cuveaux ou tonneaux défoncés par un bout, qu'on emplit de cendre & de terre.

b b. Bancs ou traiteaux fur lefquels font fupportés les cuveaux.

R, R, R, &c. Recettes ou baquets dans lefquels tombe l'eau falpêtrée, à mefure qu'elle s'écoule par les trous *C* des cuveaux : ces recettes font difpofées de manière à recevoir l'eau qui s'écoule de deux cuveaux.

G, Tonneau défoncé ou cuveau dont on voit mieux le développement, *figure 7 ;* il eft percé à trois ou quatre doigts au-deffus de fon fond, d'un trou *K*, garni d'une champleure : ce trou s'ouvre ou fe ferme autant qu'on veut, & l'ouvrier fe trouve par-là maître de retarder ou d'accélérer l'écoulement de l'eau contenue dans le tonneau.

FIGURE 3.

Plan de l'intérieur de l'atelier.

T, T, T, T, &c. Cuveau.

R, R, R, &c. Recettes.

S, S. Chaudières pour l'évaporation.

G, G. Cuveaux deftinés à fournir de l'eau à la chaudière, à mefure qu'elle s'évapore.

A, A. Marches ou degrés par lefquels on monte à la chaudière pour y porter la cuite.

B B, B B. Efcalier par lequel on defcend au fourneau placé fous la chaudière, & qui fert à échauffer la liqueur qu'elle contient.

K

FIGURE 4.

Cuvéaux garnis de leur recette, vus féparément en perfpective & fur une plus grande échelle.

Les mêmes lettres que ci-deffus, indiquent les mêmes objets,

FIGURE 5.

Coupe d'un des Cuveaux & d'une Recette.

FIGURE 6.

Plan des Cuveaux & leur recette.

FIGURE 7.

Coupe du Fourneau & de la Chaudière.

A. Ouverture par laquelle on introduit le bois ou le charbon.

B B. Foyer ou intérieur du fourneau.

D. Cheminée pour le dégagement de la fumée.

S S. Chaudière de cuivre foutenue fur des barres de fer *B B.*

A. Panier deftiné à recevoir le fel qu'on tire de la cuite, à mefure qu'il fe forme : ce panier eft foutenu fur deux barres *x x.*

Le plan de cette chaudière fe trouve repréfenté *planche III, figure 4.*

G. Cuveau ou tonneau deftiné à fournir de la cuite, à mefure qu'elle s'évapore.

K. Champleure qui fe ferme avec une cheville de bois, & au moyen de laquelle on fournit autant & fi peu de liqueur qu'on veut.

b b. Supports ou traiteaux qui foutiennent le cuveau *G.*

FIGURE 8.

Écumoir de cuivre avec fon manche de bois, dont fe fervent les Ouvriers pour écumer la cuite.

FIGURE 9.

Grande cuiller de cuivre, appelée *puifoir*, dont les Ouvriers fe fervent pour tirer la cuite de la chaudière quand l'évaporation eft finie, & pour mettre à criftallifer.

FIGURE 10.

Aréomètre ou Pèse-liqueur de verre, deftiné à indiquer le degré de force des eaux.

Cet inftrument eft formé, 1.° d'une tige de verre *A C*, fcellée hermétiquement dans fa partie fupérieure *A*, & garnie intérieurement d'une divifion en papier; 2.° d'une boule de verre foufflée *D*; 3.° d'une feconde boule de verre *b b*, foudée à la première; mais qui ne communique point avec elle : cette dernière contient une quantité de mercure *b b*, fuffifante pour lefter l'inftrument.

PLANCHE III.

Leffivage des Terres à la manière de l'Inde.

FIGURE 1.

Atelier de leffivage & de fabrication, vu par-dehors.

FIGURE 2.

Le même vu par-dedans.

A, *B*, *C*. Foffes deftinées à recevoir les terres.

d e, *d e*, *d e*. Canal par où l'eau s'écoule de la foffe *A* dans la foffe *B*, de la foffe *B* dans la foffe *C*, & de la foffe *C* dans la cuve ovale *R*.

G. Cuveau deftiné à fournir de l'eau à la chaudière, à mefure qu'elle s'évapore. Voyez *planche II, figure 7*.

b b. Traiteaux pour foutenir le cuveau.

c, Tuyau ou champleure par où coule la liqueur.

FIGURE 3.

Plan du même Atelier.

A, *B*, *C*. Foffes deftinées à recevoir la terre pour être leffivée.

R, *R*, *R*, *R*, *R*, *R*. Cuves ou réfervoirs dans lefquels fe raffemble l'eau qui découle des foffes.

g h i l m. Chemin en pente douce pour le paffage des brouettes, dans lefquelles les ouvriers portent la terre dans les foffes *A*, *B*, *C*.

S, *S*. Chaudières.

K ij

G, *G.* Cuveau ou réfervoir qui fournit de nouvelle cuite à la chaudière, à mefure qu'elle s'évapore.

F I G U R E 4.

Plan de la Chaudière & de fes acceffoires.

S. Chaudière.

A. Panier à voies ferrées, deftiné à recevoir le grain ou le fel marin, qui fe dépofe au fond de la chaudière pendant l'évaporation.

x x, x x. Barres qui traverfent les chaudières, & fur lefquelles eft pofé le panier.

G. Cuveau ou réfervoir deftiné à fournir de la cuite à la chaudière, à mefure qu'elle s'évapore.

u E y g. Siphon deftiné à vider la liqueur contenue dans la chaudière après la précipitation des eaux mères.

R. Cuveau de décharge pour recevoir la liqueur qui coule du fiphon.

F I G U R E 6.

Coupe fur la ligne *X Y de la figure 4*, dans laquelle on a repréfenté le devant de la chaudière démoli ou arraché pour laiffer voir le fiphon *t u y Z*.

B. Fourneau.

S. Chaudière.

t u y Z. Siphon deftiné à faire paffer la liqueur de la chaudière *S* dans le baquet *R*.

c, c. Cordons par le moyen defquels eft fufpendu le fiphon.

E. Entonnoir par lequel on emplit le fiphon.

f. Clef ou robinet qui fe ferme lorfque le fiphon eft rempli.

g. Robinet qu'on ouvre lorfque le fiphon a été rempli par l'entonnoir *E*, & que le robinet *f* a été fermé.

R. Baquet qui fe place au pied de l'efcalier qui defcend de l'atelier au fourneau, & qui reçoit la liqueur qui coule du fiphon.

F I G U R E 5.

Cuve ou tonneau dans lequel on prépare la liqueur deftinée pour les arrofages.

A A. Cuve ou tonneau.

C. Robinet ou champleure pour vider la cuve, elle fe bouche avec un bondon de bois.

b b. Traiteaux fur lequel repofe le tonneau *A A.*

D D. Baquet dans lequel eft reçue la liqueur qui coule du tonneau *A A* par la champleure *C.*

n, n. Oreilles de bois, percées chacune d'un trou quarré, deftinées à recevoir la traverfe de bois *T T ;* cette traverfe eft coupée dans fa longueur par des coches ou entailles quarrées, lefquelles reçoivent des traverfes *t t, t t, t t,* croifées en angle droit fur la première.

F I G U R E S 7 & 8.

B B. Petits baquets enterrés jufqu'à leur bord fupérieur, lefquels font deftinés à recevoir les égoutures des baffins.

C, C. Baffins de cuivre dans lefquels on met le falpêtre à criftallifer : ces deux baffins font arcboutés l'un contre l'autre, & mis en égout fur le baquet *B,* & ils font maintenus dans cette pofition par le moyen de deux coins de bois *u, u.*

D. Baffin en égout, le long du mur : on pratique communément une rigole pour conduire l'eau-mère qui s'écoule dans un baquet *B.*

P L A N C H E I V.

F I G U R E 1.

Foffe à putréfaction vue par-dehors.

C D E F. Côteau efcarpé fur lequel elle eft placée.

A. Porte d'entrée qui répond au niveau du fond de la foffe.

L, L, L, &c. Poteaux de charpente qui foutiennent le toit de paille *I I I I.*

H, H, H. Claies à claire-voie qui ferment les côtés du hangar élevé au-deffus de la foffe.

B. Porte d'entrée du hangar.

F I G U R E 2.

Intérieur de la Foffe & du Hangar.

L M N O. Foffe circulaire de vingt-quatre pieds de profondeur & de vingt-quatre pieds de diamètre, creufée dans le roc ou revêtue de maçonnerie.

A. Canal fouterrein qui conduit du pied du côteau au fond de la foffe.

e e, *e e*. Tuyaux de bois percés de trous dans toute leur longueur, & deſtinés à diſtribuer de l'air dans toute la maſſe de matière miſe en putréfaction.

ff, *ff*. Tuyaux collatéraux, également de bois, & percés de trous pour le même uſage : ces tuyaux communiquent d'une part aux tuyaux verticaux *e e*, & de l'autre à l'eſpace circulaire vide *L N*, *M O*, ménagé tout autour de la foſſe, entre le maſſif de maçonnerie & les matières en putréfaction.

a a, *a a*, *a a*. Poteaux placés à l'entour de la foſſe à dix-huit pouces de diſtance du revêtiſſement de maçonnerie *b b b b*; ils ſont deſtinés à ſoutenir les matières miſes à putréfier, & à laiſſer un eſpace vide entre elles & les parois de la foſſe.

B. Porte d'entrée du hangar.

I I I I. Toit de paille qui couvre le hangar.

R, *R*. Foſſé pratiqué dans tout le tour de la foſſe, deſtiné à raſſembler l'eau qui s'égoute du toit, & à l'éloigner de la foſſe.

FIGURE 3.

Plan géométral de la Foſſe à putréfaction.

R, *R*, *R*, *R*. Ruiſſeau pratiqué à l'entour de la foſſe pour l'écoulement des eaux.

G, *G*, *G*, *G*. Ponts de planches pour traverſer le ruiſſeau *R R R*.

C, *C*, *C*, *C*, *C*. Poteaux qui ſoutiennent la charpente & le toit du hangar.

b b b b b b. Revêtiſſement circulaire en maçonnerie, qui ſoutient les parois de la foſſe.

a, *a*, *a*, *a*, *a*. Poteaux maintenus par des traverſes de bois *d*, *d*, *d*, *d*, *d*, & dont l'intervalle eſt garni de claies très-fortes & ſolidement arrêtées.

a d, *a d*, *a d*, *a d*. Intervalle de dix-huit pouces qui règne dans tout le tour de la foſſe entre la maçonnerie *b b b b*, & les matières miſes à putréfier, & qui ſert à la circulation de l'air ; c'eſt à cet intervalle que viennent aboutir les tuyaux *ff*, *ff*, deſtinés à introduire de l'air dans les matières ſoumiſes à la putréfaction.

ff, *ff*. Tuyaux de bois percés de trous, qui communiquent d'une part à l'intervalle *a d*, *a d*, & de l'autre avec les tuyaux montans *e e*, *e e*, de la *figure 2*, & qui diſtribuent latéralement de l'air dans les matières putreſcibles.

P. Ouverture circulaire qui ſe trouve au fond de la foſſe à putréfaction ; le fond de cette ouverture eſt repréſenté ſéparément *figure 4*.

F I G U R E 4.

Fond de la Fosse à putréfaction représenté séparément.

m m, m m, m m. Traverses de bois destinées à soutenir le poids des matières contenues dans la fosse.

Ces traverses de bois sont couvertes de menus branchages, dont l'objet est de maintenir les matières, & d'empêcher qu'elles ne tombent dans l'intervalle des traverses *m m, m m.*

On voit aussi dans cette même *figure* l'extrémité des tuyaux *e e, e e,* de la *figure 2,* destinés à distribuer de l'air dans l'intérieur de la masse.

F I G U R E 5.

Couches pyramidales à la manière de Suède.

D E F. Coupe d'une couche de terre pyramidale à la manière de Suède.

l m n. Claie triangulaire qui se prolonge dans toute la longueur de la couche, pour porter de l'air dans l'intérieur des terres.

E G. Pot d'une terre cuite poreuse, & en partie perméable par l'eau, qu'on enterre dans le haut de la couche, jusqu'à un pouce de son bord.

C'est dans ces pots qu'on met la liqueur destinée pour les arrosages; elle se filtre insensiblement à travers les pores du vase; elle se distribue dans toute la masse, & y entretient l'humidité nécessaire pour la formation du salpêtre. On remplit ces pots à mesure qu'ils se vident, autant toutefois que la couche a besoin d'humectation.

A B C. Couverture ou toit, qui préserve la couche des injures de l'air; elle est composée, 1.° de deux perches *A B, B C,* arcboutées l'une contre l'autre, & serrées par des harts : ces deux perches sont soutenues par une troisième *L,* qui se prolonge horizontalement dans toute la longueur de la couverture ou toit. 2.° D'une traverse *H I,* liée aux perches *A B & B C* en *H* & en *I.*

Ces perches *A B & B C,* sont enfoncées par leur extrémité *A & C,* de six à huit pouces dans la terre. On place de pareils assemblages de perches à quinze, dix-huit pouces ou deux pieds de distance les uns des autres, & on prolonge ainsi la couverture jusqu'à telle longueur qu'on le juge à propos. On peut donner à ces couches jusqu'à cinq ou six cents pieds, suivant que le terrein le permet.

L'intervalle des perches qui forment en quelque façon une ferme, en termes de charpentier, est remplie par de petites gaulettes ou menues branches d'arbres, & on couvre le tout avec des bruyères, des feuillages, & en général avec tout ce qu'on trouve sous sa main de propre à former un toit, & à empêcher l'introduction de l'eau des pluies.

EXTRAIT DES REGISTRES
D E
L'ACADÉMIE ROYALE DES SCIENCES.
Du 14 Décembre 1776.

L E R O I ayant renvoyé à l'Académie des Sciences, l'examen d'un Manuscrit intitulé : *Instruction sur l'établissement des Nitrières & sur la fabrication du Salpêtre, rédigée par ordre du Gouvernement ;* elle nous a nommé (M.ʳˢ Macquer, le Chevalier d'Arcy, Cadet, Lavoisier & Sage) pour lui en faire le rapport.

Pour mieux remplir les intentions de l'Académie & la mettre plus en état de répondre à la confiance dont le Roi l'honore, nous croyons qu'il est nécessaire de remettre sous ses yeux dans ce moment, l'objet que Sa Majesté a eu en vue en ordonnant la rédaction de cet Ouvrage : cet objet se trouve exposé dans la lettre adressée par M. le Contrôleur général à M. de Condorcet, Secrétaire de l'Académie; elle est conçue en ces termes :

De Paris, ce 28 Novembre 1776.

« S A MAJESTÉ, Monsieur, n'a pu voir qu'avec beaucoup de
» satisfaction, le zèle avec lequel l'Académie s'est empressée de répondre
» à ses vues, relativement aux recherches sur la fabrication du Salpêtre,
» & les soins qu'elle s'est donnés pour rassembler tout ce qui a été
» écrit jusqu'à ce jour sur cet important objet; mais comme en même
» temps le Recueil qu'elle vient de publier, contient un grand nombre
» de Mémoires, dont les détails ne peuvent être saisis que par des
» Savans, & qui ne sont point à la portée de ceux auxquels est confiée
» dans ce moment la fabrication du Salpêtre, Sa Majesté a desiré qu'il
» fût fait de cet Ouvrage un extrait assez détaillé pour présenter
» tout ce qu'il contient d'utile, & assez simple pour pouvoir être
» entendu

entendu par le plus grand nombre des lecteurs. Sa Majefté, en «
même temps, fur le compte qui lui a été rendu de l'état actuel «
de l'art de fabriquer le Salpêtre dans fon royaume, a jugé qu'il «
étoit néceffaire de joindre à cet extrait, quelques notions élémen- «
taires fur la manière de travailler les terres falpêtrées. En effet, Elle «
eft informée qu'il règne dans cet art, des vices effentiels qui tiennent «
au peu de connoiffance des Salpêtriers ; que la plupart perdent une «
portion confidérable de leurs *eaux-mères*, faute d'en favoir tirer parti ; «
qu'ils manquent de cendres dans plufieurs provinces, & qu'ils ignorent «
les moyens d'y fuppléer ; qu'enfin il réfulte de ce défaut de connoif- «
fances, qu'on ne fait pas dans le royaume, avec la quantité de terre «
qu'on travaille, tout le Salpêtre qu'on pourroit faire par des opé- «
rations mieux ordonnées & mieux fuivies. En conféquence, Sa «
Majefté a jugé qu'on ne pouvóit venir trop tôt au fecours de «
ceux qui s'occupent de la fabrication du Salpêtre, & c'eft dans «
cette vue qu'Elle a ordonné de rédiger l'Inftruction ci-jointe : deftinée «
à être diftribuée dans les provinces, Sa Majefté efpère qu'elle y «
répandra les premiers principes d'un art qui paroît fort éloigné du «
degré de perfection dont il eft fufceptible, & qu'elle préparera ceux «
qui s'occupent de la fabrication du Salpêtre, à recevoir & à mettre «
en pratique les inftructions que l'Académie fe propofe de publier, «
d'après les expériences de fes Commiffaires, & d'après celles qui «
feront rapportées dans les Mémoires qui auront concouru. Cepen- «
dant, avant d'ordonner la publication de cette Inftruction, & pour «
être affurée que fes vues ont été complètement remplies, Sa Majefté «
a defiré qu'elle fût examinée par les Commiffaires nommés pour le «
jugement du Prix du Salpêtre, & qu'elle fût foumife au jugement «
de l'Académie. Je vous prie en conféquence, Monfieur, de faire «
lecture de cette Lettre à la prochaine féance, & de m'envoyer copie «
du rapport des Commiffaires, auffitôt qu'il fera fait, ainfi que du «
jugement que l'Académie aura porté de cet Ouvrage ; il fera nécef- «
faire que vous vouliez bien y joindre le certificat d'ufage, pour en «
autorifer l'impreffion. *Signé* TABOUREAU. »

L

Après avoir expofé l'objet de l'Inftruction, d'après la Lettre du Miniftre, il nous refte à rendre compte de la manière dont cet objet a été rempli.

L'Ouvrage que Sa Majefté a foumis au jugement de l'Académie, eft divifé en dix-fept articles. On y traite d'abord d'une manière élémentaire & très-fuccincte, de la nature du Nitre ou Salpêtre, des principes qui le compofent, des différentes unions que l'acide nitreux contracte le plus communément, & de la manière de les ramener à l'état de véritable Salpêtre, par l'addition d'un alkali fixe.

Les articles fuivans, traitent fucceffivement de la manière dont fe produit le Salpêtre dans la Nature, des moyens que l'art peut employer, foit pour l'imiter, foit pour la feconder ; on y entre dans des détails fuffifamment étendus fur le choix des terres, fur les mélanges les plus propres, d'après les connoiffançes acquifes jufqu'à ce jour, pour y accélérer & y augmenter la production du Salpêtre : on y fait voir que pour produire abondamment & promptement ce fel, il faut hâter, par tous les moyens poffibles, dans les terres préparées pour cet objet, les progrès de la putréfaction ; & y entretenir par conféquent un courant d'air libre & facile. Ces principes conduifent à différens détails fur l'arrangement des terres, fur la manière d'y faire pénétrer l'air & l'humidité, & de les entretenir continuellement au degré d'humectation convenable pour favorifer la fermentation putride.

Après avoir traité de la formation du Salpêtre, l'Inftruction paffe à la manière de l'extraire des terres dans lefquelles il s'eft formé, à la lixiviation, à l'évaporation des eaux & à la criftallifation du Salpêtre. On y confeille, avec grande raifon, l'ufage de l'arèomètre ou pèfe-liqueur, pour évaluer le degré de force des leffives, & on donne un moyen de graduer cet inftrument, de manière que chacun de fes degrés indique un pour cent de Salpêtre dans la leffive dans laquelle on le plonge.

Ces articles font fuivis de détails très-utiles fur la manière de fuppléer, par la potaffe & par les eaux de buanderies, à l'ufage des cendres dans la fabrication du Salpêtre; d'un article particulier fur le traitement des eaux-mères: enfin cet Ouvrage eft terminé par des calculs fur le produit des Nitrières qui nous paroiffent établis fur des bafes très-vraifemblables.

Tout indique que cette Inftruction a été rédigée par des per-fonnes inftruites & qui connoiffent à fond les détails de l'art de fabriquer le Salpêtre; elle nous paroît très-propre à en répandre les vrais principes dans les provinces, à fervir de guide à ceux qui fe livrent à ce genre de travail, & à les mettre au courant des connoiffances acquifes jufqu'à ce jour: nous croyons en conféquence qu'elle remplit l'objet du Gouvernement, & que rien ne s'oppofe à ce qu'elle foit publiée avec l'approbation de l'Académie. FAIT au Louvre le quatorze décembre mil fept cent foixante - feize. *Signé* MACQUER, D'ARCY, LAVOISIER, CADET & SAGE.

Je certifie le préfent Extrait conforme à l'original & au jugement de l'Académie, ce quinze décembre mil fept cent foixante-feize. Signé *LE MARQUIS DE CONDORCET.*

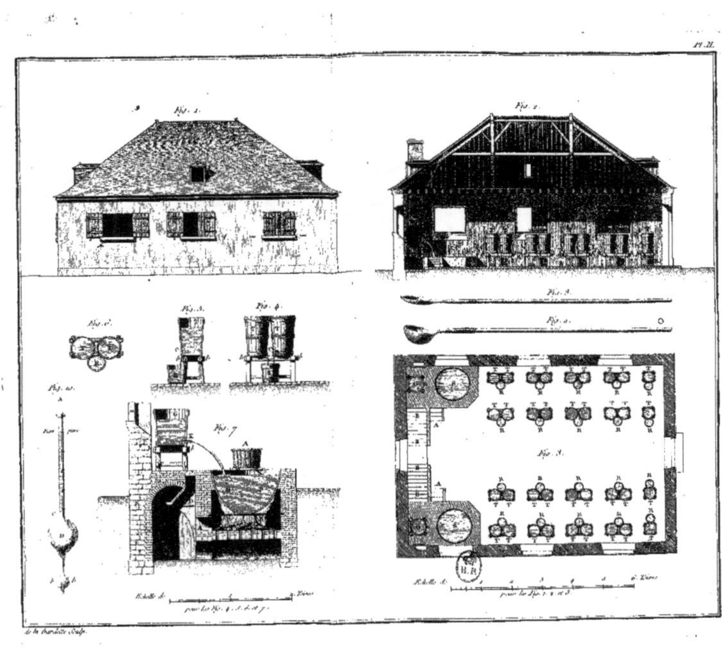

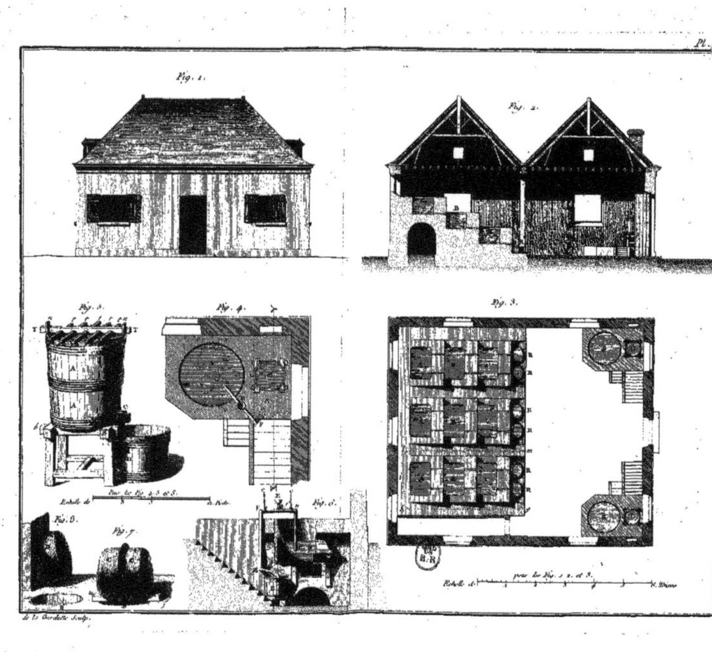
Fig. 1.
Fig. 2.
Fig. 3.
Fig. 4.
Fig. 5.
Fig. 6.
Fig. 7.
Echelle de
de la Gardette Sculp.

LES VOYAGES AVANTVREVX
DV CAPITAINE MARTIN DE
Hoyarsabal, habitant de Cubiburu.

Contenant les Reigles & enseignemens necessaires à la bonne & seure Nauigation.

A ROVEN,

DE L'IMPRIMERIE

De DAVID DV PETIT VAL, Imprimeur & Libraire
ordinaire de sa Majesté.

M. DC. XXXII.

L'Imprimeur au Lecteur.

JE te prie (*Amy Lecteur*) me tenir pour excusé, parce qu'en ce present Traicté, ou *Routier des Mariniers*, il y a plusieurs mots de diuers langages, & de diuers orthographes, d'autant que l'*Autheur* de
ce present liure n'est point *François* : mais est *Basque* des frontieres
d'*Espagne*. & a voulu qu'il fust imprimé en cette mesme sorte comme
sa copie estoit escrite : ce que i'ay fait en collationnant sur la copie, au
grand contentement dudit *Autheur*.

LES MATIERES CONTENVES
ES VOYAGES AVANTVREVX DV
Capitaine Martin de Hoyarsabal,
habitant de Cubiburu.

*Au Nom de Dieu le Pere, & du Fils, & du
sainct Esprit. Ainsi soit-il.*

Caches qu'en ce present liure sont comprises les routes,
lieuës, sondes, marées, entrées, connoissances & hauteurs : Soit pour le Leuant, Espagne, France, Bretagne,
Normandie, Picardie, Flandres, Angleterre, Hirlande,
Escosse & Terreneufue tout au long, ainsi qu'il est escrit : Soit
pour vn chacun maistre Pillote qui va sur la mer, & pour se garder des lieux dangereux.

Et premierement pour le Leuant tout au long.

Sçaches que si tu veux poser dans Sparcel de Leuant, pose à 15.
ou 16. brasses : mais il n'est pas trop net.

Sçaches que si tu veux poser dans Tariffe de Leuant, pose deuers l'oest de la ville à trauers des Sablieres à 15. brasses.

Sçaches que si tu veux poser à la pointe del Carnero de Ponant,
pose à trauers des Sablieres à 18. brasses.

Sçaches que si tu veux poser en Gibaltar, pose à 5. brasses deuant la porte de la ville.

Sçaches que si tu veux poser à la tour d'Alporiz à la terre, pose
à 20. brasses.

Sçaches que si tu veux poser en Fougyrole de ponant, pose à trauers du Chasteau à 15. brasses.

Sçaches que si tu veux poser aux moulins de Malege de ponant, pose à 10. brasses, & mettras le cap au su. Et si tu veux poser deuant la Cité de ponant, pose à 7. brasses.

Sçaches que si tu veux poser Almenaçar, de ponant & de leuant, y a bon fond d'Alporiz à terre.

Sçaches que si tu veux poser dans l'Isle de Calubena, de leuant, entre par quelle part de l'Isle que tu voudras, car tout est sain, & pose à l'abrit de l'Isle à 7. brasses, & d'Alporiz à l'Isle.

Sçaches que si tu veux poser en Castillo de Fero de ponant, pose à 15. brasses.

Sçaches que si tu veux poser Aguoardoelemyac de leuant, & pose à 20. brasses, le suest te viendra par la pointe.

Sçaches que si tu veux poser aux Rocques de ponant, pose à 10. brasses, le surroest te viendra par la pointe.

Sçaches que si tu veux poser en Almerie, pose à 7. ou à 8. brasses.

Sçaches que si tu veux poser à cap de Gata de leuant, pose à 22. brasses, & garde-toy d'vne bache qui est au cap à trauers d'vne terre rompuë qui est toute blanche.

Sçaches que si tu veux poser au port de Geliobes, pose à 18. brasses de ponant, & si tu veux poser en les Frayres, pose à 15. brasses, le surroest te viendra par la pointe.

Sçaches que si tu veux poser en Mosa de Coldan, pose à 20. brasses, le su te viendra par la pointe.

Sçaches que si tu veux entrer en Magaron, entre ioinct à la terre de ponant, & pose à 10. brasses, & verras Alporiz à la terre de ponant. Ce port est deuers le surroest de Cartagene.

Sçaches que si tu veux entrer dans Cartagene de ponant, entre par le milieu & t'approche de la terre de ponant, & garde-toy d'vne bache qui eſt au milieu de l'ancraiſon, verras Alporiz à la terre de ponant, & poſeras à 6. braſſes.

Sçaches que ſi tu veux entrer dans Cartagene de leuant, entre par dedans l'Iſle, & iras poſer deuers le ponant, comme dit eſt.

Sçaches que ſi tu veux poſer au cap de Palos de ponant, poſe à 15. braſſes.

Sçaches que ſi tu veux poſer à l'Iſle Groce de leuant, poſe à l'abrit de l'Iſle à 7. ou à 8. braſſes.

Sçaches que ſi tu veux poſer au cap d'Almux de leuant, poſe à trauers de la Tour, à 5. braſſes.

Sçaches que ſi tu veux poſer dans Alicante, & y aller de ponant, tu pourras entrer par dedans l'Iſle, tu trouueras 6. braſſes, & poſe au deuant de la ville à 6. braſſes.

Sçaches que ſi tu veux poſer en Morianne de leuant, poſe à 12. braſſes.

Sçaches que ſi tu veux entrer au cap de Myno de ponant, poſe à 15. braſſes.

Sçaches que ſi tu veux poſer en Denya, poſe deuant la ville, & prens la marée.

Sçaches que ſi tu veux poſer dans la playe de Valencie, poſe à 7. braſſes, & ſi tu poſes plus au large de 6. braſſes, il eſt tout ſalle.

Sçaches que ſi tu veux poſer au cap d'Oropeſa de leuant, poſe à 15. braſſes.

Sçaches que ſi tu veux entrer dans les Affacqués de Tortoſſe, entre par le milieu, car tout eſt ſain au bord des ſalines à 5. braſſes.

Sçaches que ſi tu veux poſer au cap de leuant deuers Arim à la pointe, poſe à 12. braſſes.

Sçaches que ſi tu veux poſer en Taragonne de ponant, poſe à 7. braſſes.

Sçaches que ſi tu veux poſer dans la playe de Barſalonne de ponant, pose deuant la ville à 10. brasses.

S'ensuiuent les routtes commençant de Calix à la
Buelre de Leuant.

S.Gaches que gisent Calix & Trafaga nornordest, & y a 10. lieuës.

Gisent Calix & Sparcel, nort norroest & su suest, y a 16. lieuës.

Gisent Trafaga & Sparcel, nort & su, quart de norroest & suest, y a 10. lieuës.

Gisent Trafaga & l'Isle de Tariffe, est suest & oest norroest, y a 6. lieuës.

Gisent la bache qui est à trauers de la pene Delcurbo & de l'Isle de Tariffe, & la myne de cente, est nordest & oest surroest, y a 7. l.

Gisent la myne de cente & cap de Gata, est nordest & oest surroest, y a 55. lieuës.

Gisent la montagne de Gibaltar & la myne de cente, nort norroest & susuest.

Gisent la montagne de Gibaltar & la Guimynere, nort & su, quart de nordest & surroest.

Gisent la montagne de Gibaltar & le cap de Gata, est & oest, quart de nordest & surroest, y a 55. lieuës.

Gisent la montagne de Gibaltar & les moulins de Malege, nordest & surroest, y a 118. lieuës.

Gisent cap de Gata & cap de Pallos, nordest & surroest, y a 36. lieuës.

Gisent cap de Palos & cap de myne, nort nordest & su surroest, y a 30. lieuës.

Gisent cap de Palos & cap Dalunz, nort & su, y a 14. lieuës.

Gisent cap Dalunz & Alicante, nort & su, y a 2. lieuës.

Gisent cap des Bertes d'Alicante & le cap de myne, nordest & surroest, y a 12. lieuës.

Gisent la pointe de Carriero & la myne de cente, norroest & suest.

S'enfuiuent les routtes de Bayonne de France, iusques à Caliz.

SCaches que gisent le Bocal de Bayonne & le Figuer, nordest & surroest, quart de nort & su, y a 10. lieuës.

Gisent le Figuer & Machicaco, est & oest, y a 18. lieuës.

Gisent Machicaco & le haure de Laredo, est nordest & oest surroest, y a 12. lieuës.

Gisent Machicaco, & les Penes de mocon, est & oest, y a 50. l.

Gisent les Penes de mocon & Aribaden, nordest & surroest, quart de l'est & oest, y a 18. lieuës.

Gisent l'Isle de sainct Sabrian & le haure d'Aribaden, est suest & oest norroest, y a 5. lieuës.

Gisent les estacas d'Ortiguere & Bayres & les Penes de mocon, est & oest, prend du nordest & surroest, y a 32. lieuës.

Gisent les estacas d'Ortiguere & Prior, nordest & surroest, y a 8. l.

Gisent cap de Bayres & les estacas d'Ortiguere, est & oest, y a 3. l.

Gisent l'arbre de Sudero & Prior, nordest & surroest, y a 4. l.

Gisent Prior & sainct François de la Corrunne, nort & su, y a 4. l.

Gisent Prior & Cizarge, est nordest & oest surroest, y a 8. lieuës.

Gisent le haure de Ferrol & Cizarge, est & oest, y a 6. lieuës.

Gisent Cizarge & la Turyane, nordest & surroest, prend vn peu plus de l'est & oest, y a 8. lieuës.

Gisent le Billan de mongie & la Turyane, nordest & surroest, prend vn peu de nort & su, y a 3. lieuës.

Gisent la Turyane & le cap de Finisterres, nort & su, y a 2. lieuës.

Gisent le cap de Finisterres & les Isles de Bayonne, norroest & suest, quart de nort & su, y a 16. lieuës.

Gisent cap de Finisterres & la Berlinge, nort & su, y a 56. lieuës.

Gisent le alta de palyca & la Berlinge, nort & su, y a 46. lieuës. & prend vn quart de nordest & surroest.

Gisent la pointe de Palycalles & les Laichonnes du port de Portugal, nort nordest & su surroest, y a 18. lieuës.

Gisent les laichones du port Portugal, & l'arbre de Mandego, nort & su, prend plus du norroest & suest, y a 18. lieuës.

Gisent le port de Portugal & la Berlinge, nort nordest & su surroest, y a 24. lieuës, & prend plus de nort & su.

Gisent l'Alta de Montego & la Berlinge, nordest & surroest, y a 18. lieuës.

Gisent la Berlinge & la rocque de Cintre, nort & su, y a 12. lieuës.

Gisent la rocque de Cintre & le cap Despichis, norroest & suest, y a 8. lieuës.

Gisent la rocque de Cintre & la pointe de Cascalles, norroest & suest, y a 2. lieuës.

Gisent saincte Marie de tabille despichis qui est en l'entrée de desotobal, auec le cap de sainct Vincent, nort & su, y a 32. lieuës.

Gisent cap de sainct Vincent & la pointe de saincte Marie dalfaro, est & oest, y a 15. lieuës.

Gisent cap de sainct Vincent & Salmedine, est & oest, y a 40. l.

Gisent la pointe de saincte Marie dalfaro & Salmedine, est & oest, y a 26. lieuës.

Gisent la pointe de saincte Marie & sainct Sebastien de Caliz, est & oest, quart de norroest & suest, y a 30. lieuës.

Gisent le cap de sainct Vincent & le Cap d'Esparcel, est suest & oest norroest, y a 55. lieuës.

S'ensuiuent les entrées des ports d'Espagne, commençant du
Figuer de Fonterabie iusques à Caliz.

S Caches que si tu veux poser au Figuer de Fonterabie, pose à 9. brasses, & descouure lospital, le norroest te viendra par la pointe de l'Isle.

Sçaches que si tu veux entrer au passage, ne t'approches en la terre deuers l'oest, parce qu'il sort vne bache descouuerte qui gist dehors

l'entrée,

l'entrée, & y a vne autre bache dedans deuers ſtribour, & te garderas comme dit eſt, & iras poſer à trauers de la ville, qui eſt deuers
l'oeſt.

Sçaches que ſi tu veux entrer dans ſainct Sebaſtian, entre par le
milieu, & paſſeras prés du cap de nordeſt, & ſi tu veux aller au quáy
demeureras à ſec.

Sçaches que ſi tu veux poſer en Gatarie, & ſi tu vas de vent d'a-
ual, n'approche point de l'Iſle de ſainct Anton, iuſques à ce que
deſcouure la pointe de la ville, & ſeras à l'Iſle quand poúrras entrer.

Sçaches que ſi tu veux entrer à Motrico, verras Arin au cap de
l'oeſt, & entre dedans iuſques à tant que ſois ſorty des Palomas.

Sçaches que ſi tu veux poſer au haure de Ondaroe, poſe à 13.
braſſes.

Sçaches que ſi tu veux poſer Abermeyo, poſe à 16. braſſes, &
paroiſt le pin de Mondaco.

Sçaches que ſi tu veux poſer dans Portonoebe, prend les deux
parts de marée : & ſi le vent eſt plus large que oeſt, ſçache qu'il te
faut entrer prés de terre, & poſeras à trauers de la maiſon de Martin Lopiz.

Sçaches que ſi tu veux poſer en Machicaco, poſeras à 10. braſſes, & le nort norroeſt te viendra par la pointe.

Sçaches que ſi tu veux poſer au Mailhar de plaiſance, iras pour
le plus ſur deuers Stibon, deſcouuriras toute Sanctoua, & quand
auras deſcouuert Sanctoua, te getteras deuers le nort, l'oeſt norroeſt te viendra par la pointe.

Sçaches que ſi tu veux poſer à la Bayere de portugalet, poſe à
10. braſſes en pareſſant ſanct Anton de Caſtro.

Sçaches que ſi tu veux poſer à Caſtro de Verdiales, & y aller auec
vent d'aual, verras Arin à l'Iſle de ſanct Ana à demy cable, en paroiſſant le fond de la place iras prés de terre, & poſeras à 5. braſſes,

B

& engorge bien les cables, parce qu'il y a rocques en aucuns lieux.

Sçaches que si tu veux poser en Santoua, poseras à 10. brasses en passant au trauers du Ferrac.

Sçaches que si tu veux entrer en Laredo, garde-toy de la pointe de nordest, & pose à 5. brasses, en serrant la pointe auec Santoua.

Sçaches que si tu veux poser en sainct Ander, laisse le magre deuers ababour & destibour ainsi comme auras le vent, & iras par le milieu du haure, & garde-toy que tu ne t'approche trop à la chenal.

Sçaches que si tu veux poser en Sardinero, pose à trauers de la sabliere à 10. brasses, & si tu veux poser à l'œst de sainct Martin de Larene, pose à 13. brasses.

Sçaches que si tu veux entrer en sainct Vincent de la Barquere laisse l'Isle destibour, & iras prés d'elle, & poseras deuant là où sont les paus.

Sçaches que si tu veux entrer arriua des Isles, tien-toy à la terre de l'œst, car deuers l'œst tout est sec, & pose quand seras entré.

Sçaches que si tu veux poser en Castasones, pose à 13. brasses.

Sçaches que si tu veux poser en Torres pose à 15. brasses, le norroest te viendra par la pointe, & poseras à trauers du castangée.

Sçaches que si tu veux poser à la celle de les penes, pose à trauers du sable à 13. brasses.

Sçaches que si tu veux entrer en Pabrie saches car au haure gist vne rocque, & tiendras à la terre de l'est, pose dedans prés de la Tour.

Sçaches que si tu veux poser dans Artedo, & si tu vas auec vent d'aual, tu auras bon paus de là au norroest : prend le nort, mais garde de t'approcher à la pointe du vent d'aual ou gist vne bache, allez dedans & pose à trauers d'vne terre rouge qui est de vent d'aual, & pose à 5. brasses.

Sçaches que si tu veux poser dans Loarte, laisse l'Eglise dababour

&poſe à 5. braſſes, & garde-toy d'vne rocque qui giſt au milieu de l'entrée.

Sçaches que ſi tu veux entrer dans Riuader, garde-toy de la pointe de l'oeſt, & iras à la ſabliere tout droit, & trauerſe deuers l'oeſt en re-gardant de la pointe groſſe, & poſe à trauers de la pointe de ſainct Michel à les 5. ou 6. braſſes, & ſeras en ſauueté.

Sçaches que ſi tu veux entrer en ſainct Saurian, laiſſe l'Iſle dababour, & poſe là où te plaira.

Sçaches que ſi tu veux poſer au haure Deuiuero, du vent de nordeſt poſe à trauers de la ſabliere à 10. ou 12. braſſes.

Sçaches que ſi tu veux poſer à ſainct Iean de Couas, deſcouure la feneſtre de l'Egliſe, & poſe à 5. ou 6. braſſes.

Sçaches que ſi tu veux poſer à Vaaſtelade, de l'oeſt pourras entrer par dedans la Conegeyre.

Sçaches que ſi tu veux poſer dans Bayres, poſe à trauers des cabanes des peſcheurs à les 10. braſſes.

Sçaches que ſi tu veux entrer dans ſaincte Marte prendras deux tiers de marée, & deras arim quand tu entreras au cap de Stibour d'vn cable deuers ababour, tout eſt ſec, & prendras pour marque & veyras deſcouuert les eſtaches des bayres comme le milieu d'vn crible, & iras par la chenal qui giſt en cette entrée nordeſt & ſurroeſt, & y a des eaux mortes, deux ou trois braſſes de pleine mer.

Sçaches que ſi tu veux entrer en Cidero ſaiches que giſe le haure norroeſt & ſueſt, & au milieu du haure deſcouuriras l'ancraiſon, & il y a vne rocque, & de deux parts de marée eſt couuerte, & laiſſe la bache deſtibour, & iras au ras de la terre dababour, & poſeras à trauers de la ſabliere à 4. braſſes en ſerrant le cap de nordeſt auec le cap de norroeſt.

Sçaches que si tu veux poser au haute de Ferrol à trauers du sable, auras celle de l'oest & surroest.

Sçaches que si tu veux entrer en Ferrol entreras par le milieu, iusques à tant que tu sois à trauers du castaual des moulins, approche-toy à la terre deuers le nort, & pose à 8. ou 9. brasses.

Sçaches que si tu veux entrer dans la baye de Berancos, garde-toy d'vne bache qui gist au milieu, & approche-toy à la terre d'Estibour, & pose à 5. ou 6. brasses.

Sçaches que si tu veux entrer dans la Crune deras vn petit arim à l'Isle de sanct Anton, & poseras là où te plaira à 5. ou 6. brasses.

Sçaches que si tu veux poser en Malpico, entre dedans iusques à 25. brasses, tu seras en celle de Cisarge, & si voulois aller delà en auant, par l'est entreras bien à la mer pour les baches qui sont là.

Sçaches que si tu veux entrer en Comes, garde-toy des baches du dedans, & gise au norroest bien à la mer.

Sçaches que si tu veux entrer dans Mongie par la chenal de la ville, garde-toy de la bache qui gist à l'oest norroest deux cables, & lasche cette bache dababour, & alarge-toy de la premiere pointe: & quand tu auras passé la pointe, serre-toy à la terre iusques à ce que il t'apparoisse la tuille de l'Eglise de saincte Marie, & allez ainsi au long de terre au su surroest, & pose à 7. ou 8. brasses, & bouteras à saincte Marie à l'oest norroest, & garde-toy que tu n'ailles trop au suest, parce qu'il y a vne bache au suest de l'ancraison.

Sçaches que si tu veux entrer en Mongie par le carreau de la Turiane, porteras descouuert la Turiane auec le cap de Vntre de longueur d'vne gallere, iusques à tant que descouure à saincte Marie de Mongie, & puis allez à l'ancraison comme dit est.

Sçaches que si tu veux poser en terre qui va de de nordest, poseras à 10. ou 12. brasses.

Sçaches que si tu veux aller poser à Finisterres, tu iras au descou-

uert le ſable de la terre qui va delà, iuſques à paſſé centol pour l'a-
mour de la bache qui eſt au nort de centol, depuis tu tourneras iuſqu'à ce que tu ſois au cap de S. Marie, & poſeras à 15. ou 16. braſſes.

Sçaches que ſi tu veux poſer en Concoruion, va droit au cap
dababour, & y a vne bache qui giſt à l'entrée, & laiſſe le deuers Stibour, & deras arim à la pointe d'vn cable, & iras dedans, & poſe
deuant Concorbion à 9. ou 10. braſſes.

Sçaches que ſi tu veux aller de Finiſterres à Mures par le carreyo des lhoueres, & le carreyo giſt norroeſt, & ſueſt te portera à
centol au norroeſt & court au ſueſt, & quand auras découuert la
foſſe, iras au long de la terre dababour, & poſe deuant la ville d'A-
muruz à 7. ou 8. braſſes.

Sçaches que ſi tu veux entrer dans Amuruz par la chenal, que
giſt nordeſt & ſurroeſt laiſſe-les l'houeres d'ababour, & bouteras à
Montellero au nordeſt delà, iuſqu'à ce que tu paſſe prés d'elle, & ſi
vas luiando en Laria, garde-toy d'vne bache qui ſe nomme la baye,
qui giſt à trauers de Montellero deuers ſueſt de Montellero, au milieu de la chenal, vn petit plus à terre de ſu, & quand auras doublé
la bache tout eſt ſain, & iras comme dit eſt en Amuruz.

Sçaches que ſi tu veux aller à Noya, iras droit à l'Iſle de la Ciebre, & laiſſe l'Iſle dababour, & iras au Rim, & poſe là où il te plaira,
car tout eſt ſain.

Sçaches que ſi tu veux entrer dans l'Iſle de ſaint Saluare du vent
de nort, laiſſe l'Iſle dababour, & deſcouure les cabanes des peſcheurs, & poſe à 10. ou 12. braſſes.

Sçaches que ſi tu veux aller delà l'Iſle à la Pueble, ſçaches qu'il y
a de mauuaiſes rocques de toutes parts, mais par neceſſité va droit
au nort nordeſt, & iras en ſauueté, car là eſt la chenal.

Sçaches que ſi tu veux entrer dans la Ria de pointe verde, entre
par le milieu, & iras deuant en laiſſant à l'Iſle Doues dababour,

&iras poſer à trauers de la Tour de Myne en l'Iſle du vent de nort.

Sçaches que ſi tu veux entrer en l'Aria de gangon au vent de nort, garde-toy d'vne bache qui giſt à l'entrée deuers ababour, & iras deuant & poſe à 15. braſſes.

Sçaches que ſi tu veux poſer aux Iſles de Bayonne, entreras par quelque part que tu voudras, & ſonderas les caps, & iras poſer deuant l'hermite qui eſt à l'Iſle, & iras dauantage au nort, & poſeras à 10. braſſes.

Sçaches que ſi tu veux entrer en Bayonne par l'entrée de la có-porte, pren les deux parts de marée, & y a de baſſe mer vne braſſe, & entreras au milieu, ioint de l'Iſle à la pointe du certan eſt ſec, & iras poſer deuant à les 4. ou 5. braſſes.

Sçaches que ſi tu veux entrer dans Bayonne auec vent d'aual, donneras vn petit arim au cap de Pamcalles, & iras à l'eſt quart de nordeſt, car ainſi giſt la chenal, & n'a primeras la terre, & as deſ-couuert la reual, & y a vne bache & te garderas d'elle, & poſeras comme dit eſt.

Sçaches que ſi tu veux poſer au cap de Caninan, poſeras au cap de nort, car deuers le ſu tout eſt ſec.

Sçaches que ſi tu veux poſer en Viane de nort, poſe à trauers de la ville à 15. braſſes, & ſi tu veux entrer dedans prendras la mer, & bonne marée.

Sçaches que ſi tu veux poſer au haure de la ville de Conde, poſe-ras dehors à les 13. braſſes & port de marée.

Sçaches que ſi tu veux entrer ou poſer dans les Laichonnes, tu dois ſçauoir qu'à vne lieuë deuers le nort de l'entrée y a 3. ou 4. Iſle-tes, & deras arim à les Iſletes d'vn caple, & poſeras à 8. ou 9. braſ-ſes, & bouteras la pointe au nort, & ſi tu voulois aller au port, pré-dras la mer, & y a deux aldeas.

Sçaches que s'il te faut entrer par neceſſité au haure Dabero, au-

ras par cognoiſſance du haure des ſablieres noires & hautes deux
lieuës deuers le ſu de l'entrée, & à l'entrée eſtant trois maſteros, &
les bouteras l'vn pour l'autre, & iras droit à Detz, & auras de baſſe mer trois braſſes, & quand ſeras ioint auec les maſteros, poſeras
eſpert, car l'eau court fort.

Sçaches que ſi tu veux poſer en Mondego, poſe à 8. ou 9. braſſes à trauers de l'Egliſe, & le norroeſt te viendra par la pointe.

Sçaches que ſi tu veux entrer en Xelis, ſçaches que le haure de
Xelis & le farrillon de la berlingue giſt eſt oeſt, y a 4. lieuës, & découure l'entrée, & ſçaches qu'à la pointe dababour y a vne petite
Tour vieille de la bande de ſu y a vn hermite, & entre au long de la
terre de nort, & poſe eſpert en découurant le conche qui eſt eſtroit,
y a de baſſe mer dedans deux braſſes.

Sçaches que ſi tu veux entrer ou poſer dans la berlingue, poſeras
à les 12. braſſes deuers le ſu de l'hermite.

Sçaches que ſi tu veux poſer au cap de Caluberne d'agion, poſe
à les 8. ou 9. braſſes, mais elle n'eſt pas trop nette.

Sçaches que ſi tu veux poſer en caſcalles, poſeras deuant la ville
à 13. braſſes eſt vn petit ſalle.

Sçaches que ſi tu veux entrer en Liſbone par la chenal de ſaint
Iean, iras au long de terre, & deras arim à la pointe de ſaint Iean, &
garde toy du gachopo qui giſt prés, & iras poſer à raz deuant ſainte Marie de Belem à 5. ou 6. braſſes.

Sçaches que ſi tu veux entrer en Liſbone par la chenal grande,
découuriras la cité de Liſbone, & la ſabliere deras à la pointe de S.
Iean iuſqu'à ce que paroiſſe la ſabliere deuers le nordeſt de ſaint Ieã
car la chenal eſt là, & porteras la ſonde dalmade qui a 7. ou 8. braſſes, & deuers les gachopos y a trois braſſes, & te garderas du gachopo, & iras comme dit eſt poſer.

Sçaches que ſi tu veux poſer au cap d'eſpichis à la premiere enfeigne paſſant le cap à les 15. braſſes.

Sçaches que ſi tu veux entrer en Sotoualhebe la poincte d'eſpichis découuerte auec la pointe de Rabide eſt longueur d'vn eſquif, iras en cette voye delà, & verras vne tour vieille à l'entrée du bocal, & quand auras la tour, iras deſſus elle, & iras dedans, & poſeras à la premiere ſabliere en voutan les arbles par les 10. braſſes, & pour entrer dedans à moitié marée, & n'ayes point peur d'aller ſur le haure, & deras vn petit arim à la poincte de nordeſt, & d'eſpuis approche-toy à l'Egliſe de nordeſt, & delà en auant tout eſt ſain & net.

Sçaches que ſi tu veux poſer au cap de ſaint Vincent de leuant, poſe à trauers des ſablieres a 18. ou 20. braſſes.

Sçaches que ſi tu veux poſer au cap S. Vincent poſe à 15. braſſes.

Sçaches que ſi tu veux poſer en Lagos, poſe à 8. ou 9. braſſes, & le ſu ſurroeſt te viendra par la poincte.

Sçaches que ſi tu veux entrer en Silbes, prendras les deux parts de marée, approche-toy au cap de l'eſt, & iras derriere laltar, & t'approcheras auec laltar, & poſeras mais que tu ayes paſſé la ſabliere premiere deuers le nort à 5. ou 6 braſſes.

Saches que ſi tu veux poſer au haure Dalſaro, poſeras en paſſant la poincte de ſainte Marie, à la premiere foſſe à 6. braſſes, & pren la mer, & bonne marée pour aller dedans.

Sçaches que ſi tu veux poſer au haure de Talira, poſe à 5 braſſes deuant la foſſe, & pour aller dedans, pren la mer & bonne marée.

Sçaches que ſi tu veux poſer au haure de Gnodiane, iras au large de la terre, & y a des baches, & ſortent fort dehors, & poſe à 8. braſſes vn petit deuers l'eſt du haure, à trauers d'vne Egliſe qui eſt à vne montaigne.

Sçaches que ſi tu veux poſer en Saltes, poſe à 5. braſſes en crobin le caſtot de Balone auec l'Egliſe de ſainte Marie de Rabide, &

pour

pour adresser l'entrée bouteras à l'Eglise de sainct Sebastian de Palos, car ainsi est l'entrée, sonderas y a de basse mer en cette-cy vne
brasse & demie, & pour opposer dessus elle bouteras à sainct Sebastian au nort à 5. brasses.

Sçaches que si tu veux entrer en saint Lucar de Baramede, il te faut
cognoistre les marques qui suiuent : Sçaches que la meilleure entrée de saint Lucar gist est suest & oest norroest, & approche-toy deuers Baramede de là à 3. brasses & demie, & bouteras à saincte Marie de Baramede, & porteras la sonde dababour, & trouueras de
basse mer 3. brasses la moindre eau de la chenal, & quand seras à
trauers d'vn arbre gros alarge-toy de la terre, car là est la pointe,
& ainsi iras poser, & quand bouteras à l'Eglise de sainct Iacques
auec l'Eglise Cathedrale de sainct Lucar, iras dessus la ville de sainct
Lucar pour te garder de l'altar, & quand tu penseras estre seur de
l'altar le voyras rompu, alarge-toy de la terre de saincte Marie de
Baramede : car il y a de mauuaises rocques à trauers de saincte Marie de là en auant, & tu iras au nort à l'ancraison, & poseras à 8. ou
9. brasses.

Sçaches que si tu veux entrer en sainct Lucar auec la mer par la
chenal vieille, prendras demy marée, & les marques sont suiuantes
en ce chenal, tu as de laisser aller le piachon & l'ostial dababour, &
quand tu seras à trauers de Chipione, iras au long de la terre sus le
fonde pour te garder, descouure l'Eglise de saincte Marie de Iesus
en la pointe du sainct Esprit, & comme ainsi delà en là descouuriras l'araual de la pointe, & quand auras descouuert la maison des
pescheurs qui est au dessus de toutes les autres, & court au nordest
droit à vne montagne de sabliere, car de l'autre bande du rim en
Baramede, & iras ainsi au nordest de là en là, & descouuriras l'E-
glise de sainct Iacques deuers le nort de l'Eglise Cathedrale, approche-toy à la terre de sainct Lucar, & iras à l'ancraison comme dit

est, en cette achenal y a de basse mer 3. brasses, & y gist le nordest & surroest.

Sçaches que si tu veux poser en Chipione de leuant, garde-toy
de Salmedine qui gist est oest de saincte Marie de Iogle, & laisseras
Salmedine deuers terre, & deuers la mer est saine, & quand auras
passé Salmedine, iras poser deuant Chipione à 7. ou 8. brasses.

Sçaches que si tu veux entrer en Caliz auec le vent de leuant, tu
auras mestier de cognoistre les marques suiuantes pour te garder
de la bache qui se nomme la diamante.

Sçaches que si tu entre en Boultegaudo, deuers le su de Medine
y a vne rocque orquillade, comme l'Isle de saint Anton de Gatarie, & il y a vne autre montagne ronde deuers l'est de cette rocque, sçaches que quand tu auras fait le tour de cette petite montagne, auec la montagne ronde qui est plus en l'est l'vne que l'autre,
& l'Eglise de saincte Marie qui est dehors de la Cité, auec la pointe
de la main gauche, l'vne pour l'autre seras au pied de la bache, sus
elle il n'y a de basse mer sinon vne brasse & demie, & quand seras
en saincte Marie à la pointe, porteras la marque susdite ouuerte
l'vne de l'autre, & quand descouuriras les Tours de la Cité la bache te demeurera à la mer, & pourras loger par tout la baye de là
au posoir.

Sçaches que si tu veux entrer pose en Caliz auec ponent, tu iras
à l'est quart de suest, car ainsi gist la baye, & tu iras prés de la
grande rocque qui est descouuerte, & tu iras prés d'elle, car au pied
d'elle il y a 6. ou 7. brasses, & laisseras la bache au milieu & deuers
ababour, & ne apprimeras la terre iusques à tant que descouures
la fenestre de la Tour, puis serre-toy à la terre à les 5. ou 6. brasses.

Sçaches que si tu veux poser en saincte Catherine, pose à 5. brasses en descouurant la rocque de deux cables.

SCaches que à deux lieuës de Fonterabie tu trouueras 70. ou 80. brasses.

Item entre Gataru & sainct Sebastian, au coing tu trouueras 95. brasses, & auras à terre 4. lieuës.

Item sus le cap de Machichaco 2. lieuës, & à la mer tu trouueras 100. brasses.

Item sus le cap de Quecho à vne lieuë à la mer, tu trouueras 90. ou 100. brasses.

Item de Viuero iusques à Tapie tu te pourras seruir de sonde sus sainct Sabrian de 100. brasses, & auras à terre 4. lieuës, sus le basme de 100. brasses, & auras à terre 5. lieuës.

Item du cap de Bayres iusques à Billano y a 2. lieuës à la mer, & trouueras 90. brasses.

Item à 3. lieues de Finisterres tenant le cap à l'est, à 100. brasses est basse.

Item du cap de Turiane iusques à Billano vne lieue à la mer, y a 90. brasses.

Item tenant Montollero au nordest, il y a trois lieues, & le cap de Finisterres au nort y a cinq lieues, au cap à trauers 75. brasses.

Item partant de la Berlingue en routte de nort, tu trouueras 100. brasses, & si tu trouues moins seras dedans la routte, & quand tu seras tant auant comme la garde, trouueras basse au cap.

Item tenant les farrillons de la Berlingue au nordest à vne ou 2. lieues, no deras sonde tenant la Berlingue au surroest en biste de là allant la voye de nort, & yras par le coing du profond, & y a 85. ou 90. brasses.

Item estant à vne lieue de la rocque allant à la Berlingue, trouueras 60. brasses, & 2. lieues dehors la routte trouueras 85. brasses allant vne lieuë à terre, & trouueras 60. braſſes.

Item allant au cap Deſpichis iuſques à la roeque, & à la route tu trouueras allant 2. lieuës à la mer, 80. braſſes.

Item tu dois ſçauoir que ſus le cap de ſainct Vincent 2. lieuës à la mer, tu trouueras 100. braſſes à vne lieuë du cap, & trouueras baches, & ſortant à la mer iuſques au cap, ſi n'eſt ſec: car ſi tu vas trouueras plus profond.

Item tu dois ſçauoir, que ſi tu veux aller de Galice par Andule-ſie, & ſi voulois ſçauoir ſi tu as doublé le cap de ſainct Vincent par nuict ou ſarrazon, ſçaches que michica à l'eſt de 100. braſſes auras à terre 3. lieuës, & de 80. braſſes 2. lieuës, & de 70. braſſes vne lieuë, & ces braſſes te ſuiuront iuſques à ce que tu doubles le cap, & trouueras plus profond, & y a 6. lieuës au cap.

Item venant Danduleſie de ponant, & ſi vas doubler le cap de ſainct Vincent par nuict ou ſarrazon, & ſi tu es tant auant comme michi-ca, pren les 100. braſſes ou 80. braſſes comme ſera le temps, mi-chica au nort, auras au cap 6. lieuës, & de 100. braſſes 3. lieuës, & de 80. braſſes 2. lieuës.

Item de Saltes à Baramede il y a 12. lieuës en cette paraige de 100. braſſes, auras à terre 10. lieuës, & de 25. braſſes 4. lieuës, & de 15. braſſes 2. lieuës, & de 10. braſſes vne lieuë.

Item gardes les Arenes au nort à la pointe de Chipione au nordeſt quart de l'eſt, & auras 25. braſſes & grand baſſe au cap, la routte te ſortira au ſueſt quart de l'eſt, & auras à la routte trois lieuës.

Item ſus Salmedine par nuict ou ſarrazon ne t'abaiſſes de 25. braſſes, tu auras à terre vne lieuë, & de 30. braſſes 2. lieuës, & de 100. braſſes 9. lieuës, allant deſſus Salmedine à 20. braſſes auras au cap, tu ſortiras au ſueſt, prend de ſu.

Item des corralles de routte iuſques à ſainct Sebaſtian de Caliz par toute la baye à 12. braſſes , & trouueras ſable menu, pierres, & corales iuſqu'à Salmedine, tu trouueras ſable gros comme féues: recule-roy vn petit de Caliz iuſqu'à Trafaga à la routte, il y a 18. braſſes à Trafaga ne t'approche à moins de 14. braſſes.

Item tu dois ſçauoir, que ſi tu veux poſer à la baye de Caliz poſe à 12. braſſes , & de nuit ne t'approche à moins, & ſi tu trouue la ſonde ſalle, ne te poſe à moins de 15. braſſes, cecy s'entend auec bon temps, & ſi tu as vent de mer , poſe à 20. braſſes.

Item ſi tu peux poſer à ſaint Sebaſtian de Caliz, poſe à 10. braſſes à la pointe de S. Sebaſtian , ne t'approche à moins de 7. braſſes.

S'enſuyüent les lieües de la coſte d'Eſpagne iuſques à l'Eſtrecho.

SCaches que de Bayone au figuer.	8. lieües.
Du figuer à ſaint Sebaſtian.	4. lieües.
De ſaint Sebaſtian à Gatarie.	4. lieües.
De Gatarie à la Caytio.	5. lieües.
De la Caytio à Bermeyo.	5. lieües.
De Bermeyo à Caſtro durdiales.	7. lieües.
De Caſtro à Laredo.	4. lieües.
De Laredo à ſaint Ander.	6. lieües.
De ſaint Ander à ſaint Martin.	5. lieües.
De ſaint Martin à ſaint Vincent.	5. lieües.
De ſaint Vincent à Lanes.	5. lieües.
De Lanes à riue de Sille.	5. lieües.
De riue de Sille à les Penes de Boccon.	10. lieües.
De les Penes à Villes.	2. lieües.
De Villes à Artedo.	1. lieuë.
De Artedo à Luarca.	5. lieües.
De Luarca à Nabie.	4. lieües.
De Nabie à Arriuaden.	4. lieües.

D'Ariuaden à Bero. 9. lieuës.
De Bero à sainte Marte. 4. lieuës.
De sainte Marte à Cidero. 4. lieuës.
De Cidero au cap de Prior. 4. lieuës.
De Prior à Ferol. 2. lieuës.
De Ferol à la Crima. 2. lieuës.
De la Crima à Cisarge. 6. lieuës.
De Cisarge à Mongie. 8. lieuës.
De Mongie au cap de Finisterres. 4. lieuës.
De Finisterres à Concorbion. 2. lieuës.
De Concorbion à Muruz. 4. lieuës.
De Muruz à la pointe verde. 6. lieuës.
De pointe verde à Bayone. 5. lieuës.
De Bayone à la Gardie. 4. lieuës.
De la Gardie à Biane. 4. lieuës.
De Biane à ville de Conde. 6. lieuës.
De ville de Conde au port. 4. lieuës.
Du port à Bero. 9. lieuës.
De Bero à Mondego. 9. lieuës.
De Mondego à Chelis. 15. lieuës.
De Chelis à la Carbonere. 3. lieuës.
De la Carbonere à la rocque de Sintre. 12. lieuës.
De la rocque de Sintre à Pichis. 8. lieuës.
De Pichis au cap de saint Vincent. 30. lieuës.
Du cap de saint Vincent à Lagos. 5. lieuës.
De Lagos à Silbes. 2. lieuës.
De Silbes à Alfaro. 8. lieuës.
D'Alfaro à Tabrye. 4. lieuës.
De Tabrye à Ayamonte. 4. lieuës.
D'Ayamonte à Lepe. 4. lieues.

De Lepe à Palos,   4. lieues.

De Palos à saint Lucar.   13. lieues.

De saint Lucar à Caliz.   6. lieues.

De Caliz à Trafaga.   10. lieues.

De Trafaga à Tariffe.   6. lieues.

De Tariffe à Gilbatar.   5. lieues.

*S'ensuiuent les marées commençant de Caliz au long de
la coste de là en Flandres.*

SÇachés que en Caliz, la Lune à l'est suest basse mer. (mer)

Item à S. Lucas de Baramede, la Lune au suest quart de l'est basse

Item en Saltes, la Lune à l'est suest basse mer.

Item en Lepe, la Lune au suest quart de l'est basse mer.

Item en Guodiane, la Lune au suest quart de l'est basse mer.

Item en Tauille, la Lune au suest quart de l'est basse mer.

Item en Alfaro, la Lune au suest quart de l'est basse mer.

Item en Silbes, la Lune à l'est suest basse mer.

Item du cap de sainct Vincent de là aux Isles de Bayone, en tous les ports de cette coste, la Lune au suest quart de l'est basse mer.

Item de Bayone de Calice de là à Bayone de France en toute la coste d'Espagne, la Lune au suest basse mer.

Item aux Asnes de Bordeaux, la Lune au su basse mer.

Item tu dois sçauoir que des Asnes de Bordeaux, de là au raz en toute la coste de Bretagne, la Lune au suest basse mer.

Item au raz de Sain, la Lune au suest quart de l'est basse mer.

Item en sainct Mayo, la Lune au suest basse mer.

Item en Barbarac, la Lune au suest basse mer.

Item dedans le port d'Ochent, la Lune au suest basse mer.

Item en Gualbay, la Lune au su quart de suest basse mer.

Item au dos de l'Isle de Bas, la Lune au su basse mer.

Item dedans la porte de l'Isle de Bas, la Lune au su suest basse mer.

Item dedans ochent delà l'Iſle deſſous la Lune au ſu baſſe mer, cecy eſt à la routte.

Item à vne veuë de ochent contre la chenal, la Lune au ſu ſurro eſt baſſe mer.

Item en Miroane, la Lune au ſu quart de ſurroeſt baſſe mer.

Item de l'Iſle plus bas delà à ſaint Mallo: en tous les ports, la Lune au ſu, baſſe mer.

Item au raz de Brehac, & en Renauille Iarſuy, & Arroaſtouas, la Lune au ſu, baſſe mer & marée, & conteras marée à touſ les ports de Cornaille.

Item au port de Guarnaſny la Lune au ſu, baſſe mer.

Item au Hour, la Lune au ſueſt quart de ſu, baſſe mer.

Item au dos de Guarnaſny, la Lune au ſu ſurroeſt, baſſe mer.

Item de guarnaſny à 5. lieuës à la mer, la Lune au ſurroeſt, baſſe mer, & comprend vn petit de l'oeſt.

Item entre Cerquey & Renny y a vn banc de ſable giſt norroeſt & ſueſt, y a deſſus 9. braſſes, & bien longue deſſus demy giſante iuſqu'à demy marée du norroeſt, & demy giſante de ſueſt.

Item tu dois ſçauoir qu'entre Renny & Cerquey ſont les ſereries, eſt bon lieu pour celuy qui le ſçait.

Item à la my major Cerquey la Lune au ſueſt baſſe mer, & trouueras 12. braſſes és bons Paus de l'eſt nordeſt.

Item au raz du Blaoart la Lune au ſueſt quart de l'eſt, pleine mer.

Item à my chenal la Lune au ſueſt, pleine mer.

Item au raz de Renny la Lune au ſueſt quart de ſu, pleine mer.

Item en Renny iuſques à Bayraſlet la Lune au ſueſt quart de ſu, pleine mer.

Item à la coſte de côſtana à 30. braſſes la Lune au ſueſt, baſſe mer.

Item à Legne & Barraſlet, & en Chiriboure en tous les ports iuſqu'à Viueſlor, la Lune au ſueſt quart de ſu, pleine mer.

Item

Item à la riuiere de Viueflor en Cherebourg, la Lune au sueſt quart de ſu, pleine mer.

Item en Antiffer, la Lune au ſu ſueſt, pleine mer.

Item en Pocan, la Lune au ſueſt, pleine mer.

Item en Diepe, la Lune au ſu quart de ſurroeſt, pleine mer.

Item de Diepe iuſques à l'Eſcluſe en tous les ports de Cortoy, & en tous les ports, & en Bologne, & en Calez, & en Guanerluſes, & en Dunquerque & Nieuport & Oſtende, la Lune au ſu, pleine mer.

Item dedans l'Eſcluſe, la Lune au ſu, quart de ſurroeſt, pleine mer.

S'enſuiuent les trauerſes d'Eſpagne au chemin de nort & ſu.

SCaches que giſt le bocal de Bayone, & le figuer de Fonterabie, nordeſt & ſurroeſt, quart de nort & ſu, y a 10. lieuës.

Giſent le bocal de Bayone, & pointe málle, nort & ſu, prend de norroeſt & ſueſt, y a 18. lieuës.

Giſent la pointe malle, & Cordan nort & ſu, prenant de nordeſt & ſurroeſt, y a 18. lieuës.

Giſent S. Iean de Lus, & les Aſnes de Bordeaux, nort & ſu, y a 45. l.

Giſent Armaynaca, & cap de Sardinero, nort & ſu, y a 5. lieuës.

Giſent le paſſage d'Eſpagne & le pertuis, nort & ſu, y a 55. lieuës.

Giſent S. Sebaſtian, & S. Steben d'arcos, nort & ſu, y a 60. lieuës.

Giſent Gatarie & les Ballennes, nort & ſu, y a 60. lieuës.

Giſent Motrico & ſaint Gil, nort & ſu, y a 60. lieuës.

Giſent Machichaco & l'Iſle-dieu, nort & ſu, y a 65. lieuës en cette route, tu te garderas de l'Orcanne.

Giſent ſainct Home & Beliſle nort & ſu, y a 80. lieuës.

Giſent ſainct Ander & Groye nort & ſu, 85. lieuës.

Giſent ſainct Vincent & Glanan nort & ſu, y a 80. lieuës.

Giſent Lanes & Peenmarc nort & ſu, y a 90. lieuës.

Giſent ville Vicioſle & Outanant nort & ſu, y a 95. lieuës.

Giſent cap des Paynes & Sain nort & ſu, prenant de nordeſt &

D

furroeſt , y a 95. lieuës.

Giſent Riuadeu & Surlingue nort & ſu, y a 135. lieuës.

Giſent les Iſles de ſaint Sabrian, & la Tour de gataſurge nort & ſu, y a 120. lieues.

Giſent cap de Prior & Gabobiezo nort & ſu, y a 100. lieues.

Giſent cap de Turiane & cap de Clare nort & ſu, y a 140. lieues.

S'enſuiuent les trauerſes d'Eſpagne au chemin de nort & ſu,
quart de nordeſt & ſurroeſt.

S Caches que le cap de Turiane & les Iſles de Saltes giſent nort & ſu, quart de nordeſt & ſurroeſt, y a 180. lieues.

Giſent Ciſarge & Surlingue nort & ſu, quart de nordeſt & ſurroeſt, y a 135. lieues.

Giſent ſaint Sabrian & Oyſſant nort & ſu, quart de nordeſt & ſurroeſt, y a 110. lieues.

Giſent les Paynes & Glaran nort & ſu, quart de nordeſt & ſurroeſt, y a 93. lieues.

S'enſuiuent les trauerſes d'Eſpagne au chemin de
nort nordeſt & ſu ſurroeſt.

S Caches que giſt le cap de Turiane & Aliſart nort nordeſt & ſu ſurroeſt, y a 150. lieues.

Giſent Ciſarge & Oyſſant nort nordeſt & ſu ſurroeſt, y a 115. l.

Giſent Ortiguero & Sain nort nordeſt & ſu ſurroeſt, y a 100. l.

Giſent Bayres & Outananc nort nordeſt & ſu ſurroeſt, y a 100. l.

Giſent S. Sabriã & Peen marc nort nordeſt & ſu ſurroeſt, y a 90. l.

Giſent Riuadeu & Glaran, nort nordeſt & ſu ſurroeſt, y a 95. l.

Giſent les Paynes & Beliſle nort nordeſt & ſu ſurroeſt , y a 85. l.

Giſent S. Vincét & l'Iſle-dieu nort nordeſt & ſu ſurroeſt, y a 72. l.

Giſent S. Ander & Ollonne nort nordeſt & ſu ſurroeſt, y a 72. l.

Giſent S. Home & les Ballennes, nort nordeſt & ſu ſurroeſt, y a 72. lieues.

Giſent Machichaco & Mamiſſó, nort nordeſt & ſu ſurroeſt, y a 55. l.

S'enſuyuent les trauerſes d'Eſpagne en chemin de nordeſt &
ſurroeſt quart de nort & ſu.

SCaches que giſét S. Home & Cordá nordeſt & ſurroeſt quart de nort & ſu, y a 70. lieuës.

Giſent cap de late, & l'Iſle d'Oleron nordeſt & ſurroeſt, quart de nort & ſu, y a 70. lieuës.

Giſent S. Vincent & les Ballenes nordeſt & ſurroeſt quart de nort & ſu y a 70. lieuës.

Giſent au bord de Sille & les barges d'Olóne nordeſt & ſurroeſt quart de nort & ſu, y a 75. lieuës.

Giſent Riuadeu & Garande nordeſt & ſurroeſt quart de nort & ſu, y a 100. lieuës.

Giſent Ortiguero & Glanan nordeſt & ſurroeſt, quart de nort & ſu, y a 100.

Giſent Prior & Péen-marc, nordeſt & ſurroeſt, quart de nort & ſu, y a 100. lieuës.

Giſent ſaint Ander & Cordan, nordeſt & ſurroeſt, quart de nort & ſu, y a 75. lieuës.

Giſent Ortiguero & le pertuis d'Eſpagne, nordeſt & ſurroeſt quart de l'eſt oeſt, y a 100. lieuës.

Giſent Ortiguero & Cordan, eſt, nordeſt & oeſt ſurroeſt, y a 115. lieuës.

Giſent Prior & Beliſle, nordeſt & ſurroeſt, y a 100. lieuës.

S'enſuyuent les trauerſes d'Eſpagne au chemin de nort,
& ſu, quart de norroeſt & ſueſt.

SCaches que giſent le bocal de Bayone & Olóne, nort & ſu quart de norroeſt & ſueſt, y a 60. lieuës.

Giſent Machichaco & Beliſle nort & ſu, quart de norroeſt & ſueſt, y a 85. lieuës.

Gisent le Passage & l'Isle-dieu nort & su, quart de norroest suest, y a 67. lieues.

Gisent sainct Home & Peenmarc nort & su, quart de norroest & suest, y a 90. lieuës.

Gisent cap de Late & Outanant nort & su, quart de norroest & suest, y a 95. lieuës.

Gisent Lastres & Sourlingue nort & su, quart de norroest & suest, y a 135. lieuës.

Gisent les Paynes & Yocle nort & su, quart de norroest & suest, y a 164. lieuës.

Gisent Ortiguero & Drosey nort & su, quart de norroest & suest, y a 162. lieuës.

S'ensuiuent les trauerses au chemin de nort norroest,
& su suest d'Espagne.

SCaches que gist le bocal de Bayone & Belisle nort norroest, & su suest, y a 80. lieues.

Gisent le Figuer & Groye nort norroest & suest, y a 85. lieues.

Gisent S. Sebastian & Glanan nort norroest & su suest, y a 82. l.

Gisét Machichaco & Outanát nort norroest & su suest, y a 100. l.

Gisent le Baerro & Sain nort norroest & su suest, y a 100. lieues.

Gisent le bocal de Bayone & Sain norroest & suest, quart de nort & su, y a 110. lieues.

Gisent le figuer de Fonterabie & Cabobiezo norroest & suest, quart de nort & su, y a 200. lieues en cette route, tu passeras de Sain 3. ou 4. lieues du Figuer à Sain, y a 115. lieues.

S'ensuiuent les routes au long de la coste de France
& Bretagne, iusques au Hour.

SCaches que gist le figuer de Fonterabie, & le bocal de Bayone nordest & surroest, quart de nort & su, y a 10. lieues.

Gisent les Erretes, & les Asnes de Bordeaux & Cordan nort &

ſu y a 45. lieuës.

Giſent les Aſnes de Bordeaux & le pertuis d'Eſpagne nort, norroeſt, & ſu ſueſt, y a 12. lieuës, à Sardinero y a 8. lieuës.

Giſent l'entrée de la Cueue & Sardinero, norroeſt, ſueſt, quart de nort & ſu, y a 5. lieuës.

Giſent le pertuis d'Eſpagne & l'Iſle Dayas, eſt ſueſt & oeſt norroeſt, y a 4. lieuës.

Giſent Sardinero & la pointe de Sarrandis nort & ſu, quart de norroeſt & ſueſt, y a 2. lieuës.

Giſent le pertuis d'Eſpagne & le boſcage de la Rochelle, eſt nordeſt & oeſt ſurroeſt y a 4. lieuës.

Item tu dois ſçauoir qu'au bocament du pertuis d'Eſpagne trouueras 13. braſſes à trauers de ſainte Marie, trouueras 24. braſſes.

Giſent les Aſnes de Bourdeaux & l'Iſle-dieu norroeſt & ſueſt, quart de nort & ſu, y a 30. lieuës.

Giſent les Aſnes & l'Orcane norroeſt & ſueſt quart de l'eſt oeſt, y a 22. lieuës.

Giſent les Aſnes & Glanan norroeſt & ſueſt, y a 60. lieuës.

Giſent les antrochates & ſaint Steben d'arcos norroeſt & ſueſt quart de nort, y a 6. lieuës, & de la pointe de ſaint Steben pour entrer par le pertuis d'Eſpagne iras à l'eſt ſueſt.

Giſent à la bardin comme la premiere pointe du boſcaige nordeſt & ſurroeſt quart de l'eſt oeſt.

Giſent les Ballenes, & y a nort & ſu y a 5. lieuës.

Giſent les Ballenes & la Tour d'Ollóne norroeſt & ſueſt, quart de nort & ſu, y a 7. l. & s'il y a marée, garde que tu ne t'engouffre.

Item tu dois ſçauoir que allant ſus la pointe de ſaint Steben d'arcos à 8. braſſes allant la voye de nordeſt paſſeras prés des Balennes, & ſi tu as marée, garde-toy que tu ne te gettes ſur elles.

Giſent le pertuis de Bretagne, eſt ſueſt & oeſt, norroeſt, au boca-

D iij

ment tu trouueras 13. braſſes, & ſi iras du pertuis en dehors, allant
la voye de l'oeſt norroeſt, & n'ayes peur des barges d'Ollone, iras
dehors l'Iſle-dieu 2. lieues, y a 2. pertuis à l'Iſle-dieu 16. lieues.

Giſent les Balennes à l'Iſle-dieu norroeſt & ſueſt, quart de
l'eſt oeſt, y a 13. lieues.

Giſent les Ballenes & l'Orcanne eſt oeſt, quart de nordeſt &
ſurroeſt, y a 11. lieues.

Giſent les barges d'Ollonne & l'Orcanne, nordeſt & ſurroeſt,
quart de l'eſt oeſt, y a 10. lieues.

Giſent les barges d'Ollonne & l'Iſle-dieu eſt ſueſt & oeſt norroeſt, y a 8. lieues.

Giſent les barges d'Ollonne & Sangil norroeſt & ſueſt, il y a 5.
lieues.

Giſent Sangil & l'Iſle-dieu eſt oeſt, y a 4. lieues.

Giſent l'Iſle-dieu & Beſa nordeſt & ſurroeſt, quart de l'eſt oeſt, il
y a 3. lieues.

Giſent l'Iſle-dieu & l'Orcanne nort & ſu, y a 10. lieues, & dure
l'Orcanne 4. lieues.

Giſent l'Iſle-dieu, & l'entrée de Bereſeau nort nordeſt & ſu ſurroeſt, y a 3. lieues, & garde-toy que la marée ne te iette ſus les piolantes.

Giſent l'Iſle-dieu & le blachin de Garande nort & ſu, quart de
norroeſt & ſueſt, y a 10. lieues.

Giſent le clocher de l'Iſle-dieu & la pointe nordeſt & ſurroeſt:
cecy eſt entre l'Iſle & le Certan, & paſſeras par terre de l'Iſle au
long de Dieu par la pointe.

Giſent l'Iſle-dieu & le cardenar de l'entrée de Murbian nort
norroeſt & ſu ſueſt, y a 15. lieues, & du cardenar à Murbian, y
a 6. lieues.

Giſent le cap de norroeſt, & l'Iſle-dieu & le pioler nort, & ſu prenant de norroest & suest, y a 7. lieuës en cette routte, garde que ne te iettes sur les piolantes.

Gisent le Pioler & la Charpenterie nort nordest & su surroest, y a 4. lieues.

Gisent le Pioler & saint Lazar nort nordest & su surroest, y a 4. l.

Gisét le Pioler & cap de la Marie est suest & oest norroest, y a 12. l.

Gisent l'Isle-dieu & Belisle norroest & suest, y a 18. lieues.

Gisent le blachin de Garande & la pointe de Cruzic nort norroest & su suest, y a 2. lieues, & dure le blachin est suest & oest norroest, y a vne lieue & demie à y entrer, le blachin & le su demy lieue de chenal entre les 2. 14. ou 15. brasses.

Gisent la pierre percée, & la pointe de la croix de Garande, est oest, quart de norroest & suest, y a 4. lieues.

Gisent la croix de Garande & sainct Iacme darnis norroest & suest, y a 5. lieues.

Gisent la croix de Garande & l'Isle-dieu nort norroest & su suest, y a 3. lieues.

Gisent l'Isle-dieu & Alful nort & su, y a 3. lieues.

Gisent la voye & l'entrée Daredon nort nordest & su surroest, y a 4. lieues.

Gisent l'entrée de la Tune & la pointe de sainct Iacme darnis, est nordest & oest surroest, y a 3. lieues.

Gisent l'entrée de la Tune & port Sáson nordest & surroest, y a 4. l.

Gisent Garande & cap de la Marie est oest, & prendras de nordest & surroest, y a 8. lieuës : Mais en cette voye garde-toy du blachin de la Marie au cardenar, y a 5. lieues du cap de la Marie à l'est suest, iras sus vne bache qui se nomme le blachin.

Gisent Perlan, & la porte nordest & surroest, y a 3. lieues.

Gisent cap de la Marie & la pointe de su de Concarbaray, nort & su, y a 4. lieues.

Gifent Belifle & Concarneau norroeſt & ſueſt, y a 15. lieuës.

Gifent Belifle & Glanan norroeſt & ſueſt quart de l'eſt oeſt, y a 12. lieuës allant de Belifle à la voye de l'oeſt norroeſt, & n'ayez peur de la Iouente, de Glanan, mais paſſeras bien prés du pié de la Iouente y a 45. braſſes, & fors ceſte bacheau ſurroeſt du cap de l'eſt de Glanan, à vne petite lieuë és terres de la Iouente, & trouueras 40. braſſes.

Gifent Belifle & Sain eſt ſueſt & oeſt norroeſt, y a 34. lieuës.

Gifent le cap de l'Iſle de Groye & l'entrée de Blaber nordeſt & ſurroeſt quart de l'eſt oeſt, y a 4. lieuës.

Gifent Groye & Glanan eſt oeſt il y a 7. lieuës en cetté routté y a vne bache qui eſt à la tierce part du chemin dedans Groye & Glanan au pied de la rocque a 27. braſſes, & ſus elle y a vne braſſe & demye, & pourras paſſer de terre & deſcouure l'hermite de Glanan deuers le nort de la pointe, longueur de deux voilles, & ténant l'hermite comme la pointe, iras ſus la bache, giſt le plus haut de Glanan eſt oeſt.

Gifent la grande rocque qui eſt deuers Glanan & Concarneau, nort & ſu, y a 3. lieuës.

Gifent la Iouente de Glanan & la pierre de Peenmarc, eſt ſueſt & oeſt norroeſt, & y a 7. lieuës.

Gifent le cap de l'eſt de Glanan & Benaudet norroeſt & ſueſt quart de nort & ſu, y a 4. lieuës.

Gifent les montones & la pierre de Peenmarc eſt oeſt quart de nordeſt & ſurroeſt, y a 5. lieuës.

Gifent Peenmarc & Outanant norroeſt & ſueſt, y a 9. lieues.

Gifent le Farillon de l'entrée de Peenmarc & la bache de nordeſt & ſurroeſt quart de l'eſt oeſt.

Gifent Peenmarc & Sain eſt ſueſt & oeſt norroeſt, y a 12. lieues, en cela tu garderas s'il y a marée ne t'engouffre dedans au raz du

Sain

Sain prens de l'oeft, car la marée court fort au nort.

Gifent Sain & Oyffant, nort & fu quart de norroeft & fueft, y a 12. lieuës.

Gifent cap de Outanant, & cap de l'oeft de Sain : eft norroeft & oeft furroeft, & pour mieux doubler la pointe de Sain, iras au furroeft, pource que Sain & la pointe gifent nordeft & furroeft, quart de l'eft oeft, de Outanant à Sain, y a 2. lieuës, & de Sain à la pointe, y a 3. lieuës.

S'enfuyuent les routtes de Outanant au long de la cofte
de Normandie & Picardie.

SCaches que gifent Outanant & S. Mayo nort & fu, y a 9. lieuës.

Gifent S. Mayo & le Hour nort & fu, quart de norroeft & fueft, y a 9. lieuës.

Gifent les Porcas & l'Ifle de Gar eft oeft.

Gifent Oyffant & le Hour, eft oeft quart de nordeft & furroeft, y a 6. lieuës.

Gifent le Hour & les Requeftes de Porfalz, eft nordeft & oeft furroeft, y a 3. lieuës.

Gifent Porfalz Breuerac, nordeft & furroeft quart de l'eft & oeft y a 4. lieuës.

Gifent Oyfsant & les Requeftes de Breuerac eft nordeft & oeft furroeft, y a 11. lieuës.

Gifent Breuerac & l'Ifle de bas, eft nordeft & oeft furroeft, y a 13. lieuës.

Gifent Aubreuerac & Gualbay, eft nordeft prenant de nordeft & furroeft, y a 7. lieuës, & gift vne bache eft oeft à vne lieuë, & ne la defcouure-ton finon que de baffe mer.

Gifent Gualbay & la Bandere : eft oeft prenant de nordeft & furroeft, y a 7. lieuës.

Gifent l'Ifle de Bas, & les Dragons & les 7. Ifles eft nordeft &

E

oeſt ſurroeſt, y a aux Dragons 7. lieuës, des Dragons aux 7. Iſles y a 3. lieues.

Giſent les 7. Iſles & cap de Ciebre de Brehac, eſt oeſt, y a 7. lieues : & ſi tu veux aller dehors de Lorrenne, prend vn quart de nordeſt.

Giſent les 7. Iſles, & Rocquetobas, eſt nordeſt & oeſt ſurroeſt, y a 8. lieuës.

Giſent les 7. Iſles, & cap Darmeloc eſt oeſt, y a 5. lieuës.

Giſent les 7. Iſles & cap de Brehac, eſt oeſt quart de nordeſt & ſurroeſt, y a 7. lieues.

Giſent les 7. Iſles & Garneſey, nordeſt & ſurroeſt quart de nort & ſu, y a 14. lieues.

Giſent l'Iſle maior des 7. Iſles, & le haure de ſaint Guidaſt, norroeſt & ſueſt, y a 2. lieues, & ſi eſt iuſant, prend vn quart de l'eſt.

Giſent Lorrenne, & cap de Late, eſt ſueſt & oeſt norroeſt, y a 10. l.

Giſent cap de Late, & S. Malo eſt oeſt, y a 4. lieues allant 2. ou 3. lieues à la mer, des 7. Iſles allant la voye de l'eſt ſueſt, n'ayes peur de Rocquetobas, ny de Lorrenne, de Brehac iras à la pointe de S. Malo, y a 20. lieues à S. Malo.

Giſent ſaint Gundaſt & cap de grane de Garneſey, nort nordeſt & ſu ſurroeſt, y a 18. lieues.

Giſent cap de nordeſt de Garneſey, & les Caſquetz nort & ſu, quart de nordeſt & ſurroeſt, y a 6. lieues.

Giſent cap de Grane & les Caſquetz, nordeſt & ſurroeſt quart de nort & ſu, y a 7. lieues.

Giſent Oyſſant & les Caſquetz, nordeſt & ſurroeſt quart de l'eſt oeſt, y a 8. lieues.

Giſent le chenal dedans Orquey & Orny, nort nordeſt & ſu ſurroeſt, y a 7. lieues.

Giſent les Caſquetz & Orny, eſt ſueſt & oeſt norroeſt, y a 3. l.

Gisent Orny & cul de la Hague, est suest & oest norroest, prend de l'est oest, y a 3. lieues.

Gisent le chenal d'entre les deux est nordest & oest surroest.

Gisent cul de la Hague & Garnesey, est nordest & oest surroest, y a 10. lieues.

Gisent Orny & la pointe de Barfleur, est oest prenant de nordest & surroest, y a 12. lieues.

Gisent cul de la Hague & Barfleur, est oest quart de nordest & surroest, y a 10. lieux.

Gisent les Casquetz & la pointe de Barfleur, est oest, y a 15. lieues, & sort cette pointe de la terre, & au milieu y a passage deuant Amor au Certan, & y a de basse mer vne brasse sur la pointe.

Gisent Barfleur & Fecamp, est oest, y a 26. lieues, & y a vne bache, mettras à l'oest de Barfleur à trauers du sable.

Gisent Barfleur & l'isle de S. Marcol, nort norroest & su suest, y a 8. lieues.

Gisent Barfleur & la fosse de Guolleuille, est suest & oest norroest, y a 10. lieues.

Gisent Barfleur & sainct Malo, est suest & oest norroest, y a 18. lieues.

Gisent Barfleur & chef de Caux, est oest quart de nordest & surroest, y a 10. lieues.

Gisent Barfleur & Antiffer, est oest, y a 18. lieues.

Gisent Barfleur & Dieppe, est oest quart de nordest & norroest, y a 30. lieues.

Gisent Barfleur & la fosse de Guayo, est nordest & oest surroest, y a 42. lieues.

Gisent Barfleur & cap de Saucater, nordest & surroest quart de l'est oest, y a 48. lieues, & y a vn banc de norroest du clocher de Dieppe bien 35. lieues à la mer, y a de basse mer d'eau viue sur le banc vne brasse & demye.

Gisent Colle Ville & Antifer, nordest & surroest, y a 9 lieuës.

Gisent chef de Caux & Antifer, nort & su, y a 4. lieuës & 2. lieuës d'Antifer tiendras à Dieppe a l'est nordest y a 14. lieuës

Gisent Antifer & S. Sabrian est nordest & oest surroest, y a 7. lieues, & prend de l'est oest.

Gisent Antifer & Guayo nordest & surroest, y a 26. lieuës,

Gisent Dieppe & Guayo, nordest & surroest quart de nort & su, y a 12. lieuës.

Gisent la fosse de Guayo & Estapes nort & su prenant de norroest & suest, y a 7. lieuës.

Gisent Estapes & Bologne nort & su, y a 5. lieuës allant à trauers de Bologne vne lieue à la mer comme vn banc.

Gisent Bologne & cap Darues, nort nordest & su surroest y a 3. l.

Gisent cap de Saucater, & cap Darues nordest & surroest prend de nort & su, y a 3. lieues.

Giset cap de Saucater & Calais est nordest & oest surroest y a 2. l.

Gisent cap d'Antifer, & cap de Saucater : nordest & surroest quart de nort & su, y a 32. lieues

S'ensuyuent les lieuës de Normandie & de Picardie.

Saches que d'Outanant à S. Mayo y a	7. lieues.
De sain Mayo à Lorenne.	3. lieues.
De Lorenne au Breuerac.	7. lieues.
De Breuerac à Gualbay.	7. lieues.
De Gualbay à l'Isle de Bas.	7. lieues.
De l'Isle de Bas à 7. Isles.	10. lieues.
Des 7. Isles à Garnesey.	14. lieues.
De Garnesey à Origny.	7. lieues.
D'Origny à Cherebourg.	7. lieues.
De Cherebourg à Barfleur.	7. lieues.

De Barfleur à la Hogue. 7. lieues.
De la Hogue à Chef de Caux. 17. lieues.
De Same à Antiffer. 4. lieues.
D'Antiffer à Dieppe. 12. lieues.
De Dieppe à Gayo. 12. lieues.
De Gayo à Eſtapes. 7. lieues.
D'Eſtapes à Bologne. 4. lieues.
De Bologne à cap de Saucater. 5. lieues.
De Saucater à Calais. 2. lieues.

S'enſuyuent les cours de Lirleſſe au long de la coſte de Normandie
iuſques à Calaiz.

Sçaches que dans la chenal de Lirleſſe, iuſques à 100. braſſes court la iuſant de l'oeſt ſurroeſt, le meſme court dedãs Molines & Oyſſant iuſques à 100. braſſes au tour de Oyſſant à 50. braſſes, il n'y a pas d'eſtancque.

Item dans Porſalz vient la iuſant de nort nordeſt.

Ité des Iſles de Bas iuſques à Porſalz vient la iuſant de l'eſt quart de nordeſt aux 2. Iſles de Bas, vient la iuſant de l'eſt prẽ de ſueſt.

Item dedans 7. Iſles & dehors, vient la iuſant de l'eſt ſueſt.

Item en Lorrenne & cap Febroe vient la iuſant de l'eſt.

Item entre Caſquet & Origny vient la iuſant de ſu ſueſt.

Item entre Cerquey & Origny y a vn banc de ſable, & giſt le banc norroeſt & ſueſt y a ſus le banc de baſſe mer 9. braſſes, & vient l'angaidgo demy marée iuſqu'à demy iuſant de l'eſt ſueſt.

Item de Barfleur iuſques aux Iſles de S. Marcol vient la iuſant de ſueſt.

Item d'Origny iuſques à Barfleur vient la iuſant de ſu ſurroeſt.

Ité de Barfleur iuſqu'à Caux viét la iuſant de ſueſt quart de l'eſt.

Ité du chef de Caux iuſqu'à Antiffer, viét la iuſãt de nort nordeſt

Item d'Antiffer iusquà Dieppe vient la iusant de l'est nordest.

Item de Dieppe iusques à Guayo vient la iusant de nordest.

Item de Guayo iusques à Bologne, vient la iusant de nordest, prens de suest.

Item du cap d'Asues iusques à Bologne vient la iusant de nort.

Item en l'Estrecho vient la iusant de nordest quart de nort.

S'ensuyuent les sondes de la coste de France, Bretagne, iusques à Oyssant.

Sçaches que s'il t'aduient par vn mauuais temps poser à la coste d'Arquasson, ne pose à moins de 25. brasses, parce que à 20. la mer rompt.

Sçaches que a l'oest surroest de la tour de Cordan 2. lieues à la mer tu trouueras 22. brasses.

Sçaches que ayant les Riondelles au nordest des 24. brasses, auras à terre 3. lieues, allant la voye de nordest à sorroest decoup.

Sçaches que entre les Athos & le pertuis d'Espagne à la routte de nort norroest & su suest trouueras 18. brasses, & depuis quand auras passé les balehnes iusques à Ollonne trouueras 18. brasses, & deppuis que tu auras passé Ollonne iusques à l'Isle-dieu trouueras 20. brasses estant sus Ollonne à 22. brasses allant la voye de l'oest norroest, iras au milieu de l'Isle-dieu.

Sçaches que à l'entrée du pertuis d'Espagne des 70. brasses auras au pertuis 20. lieues, & de 60. brasses 18. lieues, & de 50. brasses 16. lieues, & de 40. brasses 12. lieues, & de 30. brasses 10. lieues, & de 25. brasses 4. lieues, & si dedans 25. brasses trouue basse, seras deuers Maulisson, & trouueras pierres comme sobues, seras deuers les balehnes ou au tour de l'Isle.

Sçaches que ayant les Ballennes au nordest des 100. brasses auras à terre 25. lieues, & de 90. brasses 22. l. & de 80. brasses 20. l. & de 70. brasses 16. l. & de 60. brasses 14. l. & de 50. brasses 10. l. & de 40. brasses 7. l. & de 30. brasses 4. l. & de 20. brasses vne lieue & demie.

Sçaches que tenant Ollonne au nordest quart d'est de l'est 28.
braſſes, auras à Ollonne 5. lieuës, trouueras à la ſonde groſſe cóm-
me grane.

Sçaches que tenát l'Iſle-dieu au nort dés les 80. braſſes auras à l'Iſle
dieu 17. lieuës, & de 70. braſſes 20. lieuës, & de 60. braſſes 15. l. &
de 50. braſſes 12. lieuës, & de 40. braſſes 10. lieuës, & entre l'Orcanne & tenant à l'Iſle 4. ou 5. lieuës trouueras 30. braſſes.

Sçaches que tenant l'Iſle-dieu au nordeſt des 100. braſſes, auras
de l'Iſle-dieu 24. lieuës, & de 90. braſſes, & de 80. braſſes 14. lieuës,
& de 70. braſſes 12. lieuës, & de 60. braſſes 10. lieuës, & de 50. braſſes 7. lieuës, & de 40. braſſes 4. lieuës, & de 33. braſſes tenant le cap
au norroeſt & l'Iſle au nordeſt, auras à l'Iſle-dieu 2. lieuës.

Sçaches que entre l'Iſle-dieu à la route tu trouueras 27. ou 30.
braſſes entre Beliſle & Glanan à la route de l'eſt ſueſt, & oeſt norroeſt, y a 40. braſſes.

Sçaches que tenant Beliſle au nort des 80. braſſes auras 16. l. &
de 70. braſſes 12. lieuës, & de 60. braſſes 8. lieuës, & ſentende nort
& ſu de la Marie.

Sçaches que tenant Beliſle au nordeſt des 100. braſſes auras à
terre 21. lieuë, & de 90. braſſes 18. lieuës, & de 80. braſſes 15. lieuës,
& de 70. braſſes 11. lieuës, & de 60. braſſes 5. ou 6. lieuës, & de 50.
braſſes vne lieuë & demie.

Sçaches que tenát Groye au nordeſt des 55. braſſes auras à Groye
2. l. & trouueras baſſe allant 3. lieuës à la mer de Peenmarc, allant à
l'oeſt norroeſt, & doubleras Sain : & auec marée prens de l'eſt, car
l'eau court fort deuers Outanant & de Sain.

Sçaches que tenant Glanan au nort, des 100. braſſes auras à terre 24. lieuës, & de 90. braſſes 20. lieuës, & de 80. braſſes 18. l. & de
70. braſſes 12. lieuës, & de 60. braſſes 7. lieuës, & de 50. braſſes 4.
lieuës à la terre.

Sçaches que tenant Glanan au nort nordest de 100. brasses, au
ras à Glanan 22. lieues, & de 90. brasses 18 lieues, & de 80. brasses
16. lieues & de 70. brasses 12. lieues & de 60. brasses 7 lieues, & de
50. brasses 2. lieues à terre.

Sçaches que tenant Peenmarc au nort des 100. brasses auras à
terre 20. lieues & de 90. brasses 17. lieues & de 80. brasses 14. l. &
de 70. brasses 8. lieues, & de 60. brasses 6. lieues, & de 50. brasses,
2. lieues à terre.

Sçaches que tenant Peenmarc au nort nordest des 100. brasses,
auras à terre 17. lieues, & de 90. brasses 14. lieues, & de 80. brasses
11. lieues, & de 70. brasses 8 lieues, & de 60. brasses 5. lieues, & de
50. brasses vne lieue & demye.

Sçaches que tenant Sain au nort de 100. brasses auras à terre 15.
lieues, & de 90. brasses 13. lieues, & de 80. brasses 11. lieues, & de
70. brasses 8. lieues, & de 50. brasses 1. lieue & demye, & net'abaisses de 50. brasses dessus Sain.

Sçaches que tenant Sain au nort nordest à 100. brasses trouueras à la sonde comme grosses escailles rompues, & entreras aussi
toute la sonde comme dit est.

Sçaches que à trauers de Lirlesse à 76. brasses trouueras arrestes
blanches petites, aucunes rompuës, & entreras par le sable gros.

Sçaches que dessus Outanant à 60. brasses trouueras basse, allát
la voye de nort, & si est maree, assomy ras de coup entre Glanan &
Peenmarc à la route y a 40. brasses, le mesme entre Peenmarc &
Sain dessus Lauderne y est basse entre Sain & Oyssant à la route
de nort & su, y a 50 brasses, & garde, car la maree court fort en la
Guolle de Lirlesse au tour de Outanant aussi.

Sçaches qu'allant dessus Belisle allant cercher Sain, ne t'abaisses auec
vent de la mer à moins de 55. brasses, & prens les 60. brasses à la
route de l'oest norroest, & quand seras tant auant comme Glanan

nan ou Peenmarc, ne t'abaiſſe deſdites braſſes auec vent de mer, te ſuiuront à la route de l'oeſt norroeſt iuſques à Sain, & quand auras doublé Sain.

Sçaches que entre Glanan & Peenmarc, à 60. braſſes trouueras baſſe, & te ſuiuront les braſſes iuſques à l'Auderne & Outanant, depuis trouueras fort grand collur, & de 60. braſſes auras à terre 4. ou 5. lieuës.

Sçaches que vn nauire qui eſt ſur la pointe de Sain, au pied d'elle trouueras 50. braſſes, & ſus elle y a 20. braſſes, & dedans la pointe y a 40. braſſes és foſſes, ſonde, car de 45. braſſes iuſques à 40. tout eſt rocquey.

Sçaches que diſent les peſcheurs de Sain, que giſent l'eſt oeſt 2. baches 24. lieuës, & à vne lieuë de terre y a 3. baches qui deſcouurét de baſſe mer, qui ſe nomment les baches fredes, au pied des baches qui ſont plus à la mer, y a 45. braſſes, & au pied des plus à terre y a 40. braſſes deſſus Sain, ne t'abaiſſes de 50. braſſes, & ainſi ſeras aduiſé.

S'enſuiuent les entrées des ports de France & Bretagne
iuſques à Flandres.

SCaches que ſi tu veux entrer dans Arquaſſon par l'entrée principale prés la pointe de nort & ſu, iras droit aux pointes iuſques à 4. braſſes, & porte vn boſcaige petit que voyras à l'eſt ſueſt, & ainſi n'ayes peur de pointe malle, depuis iras par dedans.

Sçaches que ſi tu veux entrer par le paus de Solac, pour accorder au nort, & ſainćte Marie de Solac à l'eſt ſueſt, & le puy blanc à l'eſt nordeſt, & ainſi iras par dedans les Oliues & le Cauiron, iras la voye de l'eſt nordeſt iuſques que deſcouure le Chaſteau d'Aronćto par la pointe du bourdon qui eſt grande comme vne voille de nauire, & laiſſe la marque du puy blanc, iras droit à la pointe du bourdon leuant le Chaſteau deſcouuert de la pointe, & cette entrée ſe muë beaucoup de fois, y a de baſſe mer 2. braſſes & demie.

F

Sçaches que fi tu veux entrer entre Cordan & le Cauiron boute
à Cordan au nort & fainte marie de Solac à Peft fueft, & defcouure
par la pointe du bourdon du bofcaige qui eft plus dedans d'Aroa-
ne & tien la largeur d'vne voille de nauire auec la pointe, & allant
cette marque leueras la pointe du bourdon quart de l'eft, & le puy
blanc à Peft nordeft, en cette entrée y a 2. braffes de baffe mer, &
quand tu feras prés la pointe du bourdon, donneras Amor deuers
À babour par les playes.

Sçaches que fi tu veux entrer par les Afnes de Bourdeaux, boute à Cordan à Peft, & la grande Rondelle qui eft deuers Peft nordeft quart de nort, & iras la voye de nordeft quart de nort iufques
à trauers les puys plus grands qui font dans la fabliere de Bergerac
à Peft nordeft iufques à ce que tu boutes à Cordan auec fainte Marie de Solac, ouuerte de largeur d'vne voille de nauire, & Cordan,
que foit deuers le nordeft, alors tu feras à trauers de la Mauueffe, &
tiendras à Cordan au fueft quart de fu, & quand tu doubles la Mauueffe, tiendras la grande Rondelle au nort, & pour te garder de la
Mauueffe, porte le clocher au cor d'vne voille par deffous du cap
de la terre noire, alors feras au pied de la Mauueffe, depuis iras au
long de la terre, deras Amor à la terre noire par plaifir.

Sçaches que fi tu veux venir deuers la Rochelle, & fi tu voulois
entrer par l'Afne de Bourdeaux, ne t'approches à l'Afne à moins de
12. braffes, iufqu'à ce que tu prennes les marques fufdites, & cette
entrée jette la marée deffus la Mauueffe, & la iufant deffus l'Afne, &
ne t'approches à l'Afne à moins de 10. ou 12. braffes, & pource que
ez apicque, & deuers la Mauueffe ez apicque à la Mauueffe, ne t'approche à moins de 8. ou 9. braffes, car de l'vne fonde à l'autre feras
deffus elle, & fi y a grande mer, la voyras rompuë entre l'Afne & la
Mauueffe, y a 22. braffes à l'entrée de l'Afne, trouueras 7. braffes, &
y a parainentes.

Sçaches que deuers l'oeft de Mamiffon voyras la Tour d'Ole-

ron , & quand ſeras à trauers dudit Oleron, cela te ſemblera comme vne voille de nauire , & deuers l'oeſt de la tour d'Oleron voyras vne Egliſe qui ſe nomme S. George, & deuers l'oeſt de cette E-
gliſe voyras Sardinero, il te ſemblera 3. ou 4. pois de ſable, & ſemble tout en vn, & le pois deuers le norroeſt eſt plus haut , & deuers
l'oeſt de Sardinero, voyras ſaint Denis, & deuers l'eſt de S. Denis
voyras deux moulins à vent qui ſont deſſus vne montagne.

Sçaches que ſi tu veux entrer au bois de la Rochelle par le pertuis d'Eſpagne, porteras deſcouuerte toute la ville de la Rochelle
deuers le ſueſt de la pointe du port neuf, & pour garder des corralles de ſainte Marie la blanche & du banc qui ſe nomme Rybaldin,
& poſeras audit boſcaige à 6. braſſes, & ſi tu voulois aller à la va-
ze vieille ou à la cheſne,tu as meſtier de marée & pleine mer & eaux
viues ſi tu as grand nauire, & ſi tu voulois aller à la palice de la mer
en dehors par le pertuis d'Eſpagne par le milieu à l'eſt nordeſt, ainſi
comme ſi tu eſtois au boſcaige par le banc de Rauaydin, deſcouure
la baye de la palice, tu iras droit à Labadie, & poſe vn petit au ſueſt
de Labadie à 7. ou 8. braſſes, tu auras bon lieu de ſueſt iuſques au
norroeſt de tout vent d'aual.

Sçaches que ſi tu veux entrer par le pertuis de Bretagne que l'entrée giſt eſt ſueſt & oeſt norroeſt, approche-toy plus au Certan ainſi comme ſi tu eſtois à l'Iſle de Ratos , & élarge-toy de l'Oſtral de S.
Martin, & leue la ſonde d'Eſtibour, & iras poſer à trauers de S. Martin, & iras droit au cap du port neuf, car tout eſt ſain deuers le Certã.

Sçaches que ſi tu veux entrer au ploin, prens pleine mer d'eau viue ſi tu as grand nauire, car de baſſe mer toute l'entrée demeure en
ſec, & dedans y a vn paus, & y a de baſſe mer 3. braſſes & demie.

Sçaches que ſi tu veux aller à l'Iſle d'Arcas du boſcaige en dehors, iras tout droit à l'Iſle, & laiſſe l'Iſle d'Ababour, & poſeras à 4.
braſſes de baſſe mer.

F ij

44

Sçaches que si tu veux entrer dans Ollonne, sçaches que Ollonne est 5. lieuës deuers le norroest du pertuis de Bretagne, & y a entre
Ollonne & le pertuis vn grand boscaige qui dure iusques au pertuis, & se nomme monte de Yarte, & si voulois entrer en Ollonne
iras au haure, & pose à 10. brasses, & prendras la mer.

Sçaches que si tu veux entrer dans S. Gil, iras droit au haure, &
y a vn clocher, & poseras à 6. brasses, & prendras la mer.

Sçaches que si tu veux poser dans l'Isle-dieu, poseras au grand,
deuers le surroest à les 6. brasses, & si tu voulois poser dans l'Isle-
dieu de vent de nordest, poseras à trauers du Chasteau qui est deuers le surroest à les 16. ou 18. brasses.

Sçaches que si tu veux poser dans Belisle au cap de la Marie, pose
à 10. ou 12. brasses: est bon lieu de surroest de là au norroest.

Sçaches que si tu veux poser en Belisle deuers le cap de norroest,
pose à 6. ou 7. brasses, est bon lieu de vet d'aual, & si voulois poser par
tout le tour de Belisle, pourras poser en portant le plom selon le téps.

Sçaches que si tu veux aller en Buscar de Murbian, quand seras
à trauers de l'isle de Bas, quand seras deuers le norroest sus vne terre qui se nomme S. Iacme d'arnis, & ne t'approches trop à terre, &
porte tousiours ouuert le clocher de la pointe à trauers de S. Guidast, y a vne bache, & pour te garder d'elle porte vn pin petit que
voyras à la riuiere de dehors l'Isle qui est à l'entrée de Murbian, &
tenant ledit pin par la trancque de l'Isle iras sus vne bache, mais
porteras ledit pin par l'vne part ou par l'autre, & tien-toy à la terre de l'est, & seras aduisé au tout.

Sçaches que si tu veux entrer dans Benaudet par l'entrée de l'est
& le cap de l'oest de Glanan, tenant en vn comme vne Eglise qui est
deuers Glanan iusques que tu sois à trauers de la sabliere de Ponla-
bre, & descouure l'isle de Glanan par l'Isle du Montonet, longueur
d'vne gallere deuers le nort, & si és cas d'auanture ne pouuois voir

Glanan ny l'autre Isle, porte le boscaige comme la sabliere de Pon-
labre tout en vn, gist le Carreyo nordest & surroest, quart de nort
& su, & yras au long de la terre d'Ababour iusques à tant que tu
trouues les trois pilles de pierre en vn, & pose deuers l'oest l'ancre au
sec, & l'autre deuers l'est à vne Eglise.

Sçaches que si tu veux entrer par la chenal deuers l'oest, & si tu
as connoissance de la terre, iras sur des boscaiges qui sont deuers
Benaudet, & boute-les au nordest, prens de nort, & gist nort nordest, & su surroest.

Sçaches que si tu veux entrer dedans Peenmarc, tu auras connoissance des grandes rocques, & y a 2. entrées l'vne deuers l'est, &
l'autre deuers le su : Et là deuers le su est la major, car l'entrée est de
su : Et s'il te faut entrer par force en Peenmarc, tu iras droit aux rocques plus grandes, car là trouueras l'entrée, & laisseras les rocques
plus grandes deuers Ababour, & iras droit à vn sable, & pose à 7.
ou 8. brasses.

Sçaches que si tu veux entrer au raz d'Antona, deras vn petit arim
aux Farillons du cap, saiches, car la marée iette à l'Esteuen, & quand
tu seras à l'Esteuen, cours au nort quart de nordest iusques à ce que
tu passe à Cullera, & si tu entres par Antona, & si tu voulois aller à
Gradon par dedans le Torlingat, entreras à vne lieuë du cap de nort
quart de norroest, par vne bache qui gist au nort, & depuis iras
droit au Torlingat au nort nordest, & les laisseras d'Ababour, &
iras par le milieu au long de la terre de Gradon, & poseras à 5. ou 6.
brasses, & tu sortiras de cap à l'oest, & S. Mayo au norroest.

Sçaches que si tu veux poser au vieux Gradon, sçaches que au
cap est haut à trauers du cap de l'entrée à 2. aiustes, gist vne bache tu
as de courre fort à terre, ou aller bien au large, & poseras deuant à
5. ou 6. brasses.

Sçaches que si tu veux entrer dans la baye de Brest, gist l'entrée à l'est, & au milieu de la chenal gisent des rocques qui se nomment filhetes, & demy marée de là au milieu gisant, & sont couuertes, & de basse mer parroissent, & laisse-les iusques à ce que tu les ayes au tour selon que tu auras le vent, car à demy chenal gisent en descouurant les Isles qui sont à la baye de la bande de su, & poseras la oùte plaira, car est nette & saine.

Sçaches que si tu veux entrer dedans Brest, iras droit au Chasteau, & le laisseras deuers Stibour, & entreras par le milieu de la chenal, & poseras entre le chasteau & le sable qui y est de l'autre bande, & poseras à 7. ou 8. brasses.

Sçaches que si tu veux poser à Bertume auec temps de norröest ou nort ou nordest, poseras à trauers d'vne sabliere aux 4. brasses, & l'oest te viendra par la pointe de l'Isle, & là y a vne sabliere, & y a vne fontaine d'eau douce.

Sçaches que à la mer de l'Isle de Bertume, à vn trait d'Artillerie y a vn vne bache, & sus elle y a 2. brasses & demie.

Sçaches que si tu veux poser à S. Mayo deuent de nort ou nordest, poseras à 15. ou 16. brasses. Et si tu veux aller de S. Mayo à Bertume, tiendras ouuert le Bermigel, & la pointe de S. Mayo, & pour l'amour de la bache qui se nomme la Galynaterre.

Sçaches que si tu veux poser en S. Cicque, qui est deuers le nort de S. Mayo, entre S. Mayo & Conquer poseras de vent de nordest à les 7. ou 8. brasses, & si tu voulois poser à Conquer à 6. brasses seras en mauuais lieu, car y a grand torrent, & si tu veux entrer au Cay de Conquer auec la nauire grande de 2. brasses, prendras pleine mer, & quand seras au Cay, demeureras en sec és sables dures.

Sçaches que si tu veux poser dans Beaulsanim, poseras à 7. brasses, & bon lieu deuent d'aual, & si tu vas à S. Mayo au Hour par de dans la Vnaterre iras prés de la pointe de Beaulsanim, & deras vn petit arim à la pointe, & sçaches que y a vn petit sable qui est deuers le

nort de Conquer, & vnaterre gist est oest, & la vnaterre est vne
rocque qui paroist de basse mer, y a passage tant de l'vne part que
de l'autre.

Sçaches que si tu vas de S. Mayo au Hour, & si as marque, cours
au nort quart de nordest, & mettras à l'Eglise de S. Mayo dehors la
pointe de Conquer en plus d'vne voille, & ainsi iras au Hour.

Sçaches qu'vn nauire qui part de Biaulsanim pour aller au Hour
boutera à l'Eglise de S. Mayo à la Sille de Conquer, & ira en vne
bache qui est à trauers de l'Isle de Ogar.

Sçaches que si tu veux entrer en Breuerac deuers l'oest, tu as me-
tier de cognoistre la terre de Porsalz, & depuis iras à des rocques
qui gisent est oest de l'entrée, ces rocques semblét organes, & quand
tu seras à trauers d'elles, iras à l'est, allant à l'est voyras des rocques
deuers le nordest, & sont les marques suyuantes, à sçauoir vne Eglise qui est dessus vne montagne petite qui semble vn Hour, & cette
mótagne petite qui paroist basse prés de la mer, & bouteras à ladite
Eglise ainsi, & découure l'entrée, car cecy n'a mestier pour l'amour
d'vne bache que gise deuers Ababour dés le bocament de l'entrée,
& quand seras à trauers de cette bache, regarde deuers Stibour,
découure vne montagne de sable de la première grande rocque de
l'entrée de la terrre, depuis iras là où te plaira, car tout est sain.

Sçaches que si tu veux entrer par la chenal de nort de Breuerac,
as mestier connoistre la Requeste dudit Breuerac & le bocament,
as d'aller à vne montagne, & de cette montagne à la Requeste de
Breuerac, & quand seras au bocament regarderas deuers le surroest,
& voyras vn molin de vent dessus la terre, iras tout temps au molin
tout droit de là en là, & découure toute l'entrée, & quand seras au
mitan de l'entrée, iras de là en hors où il te plaira.

Sçaches que si tu veux entrer dans l'Isle de Bas, auras pour connoissance le clocher de S. Paul de Leon qui paroit de la mer en dehors comme deux matz de nauire.

Sçaches que allant du Hour à Breuerac de nuit ou farazon auec
vent, ne t'approche pas à la terre à moins de 40. braffes, car au pied
des rocques y a 35. braffes.

Sçaches que fi tu veux entrer en S. Guidaft, voyras vne Eglife
blanche deffus vn Pedrigal, & bouteras à l'Eglife par le milieu du
haure, & entre dedans, & deras arim à la pointe de furroeft : pour
autant que gifent des baches couuertes dehors la pointe, & poferas
dedans là ou il te femblera, & le haure gift nort norroeft, & fu furroeft, & garde de Breuerac à Gualbay 35. braffes.

Sçaches que de Gualbay à l'Ifle de Bas, approche-toy iufques à
25. braffes pour les planiéres qui font iufques au deuant.

Sçaches que fi tu veux entrer en Brehac à l'ancraifon, à la pointe deuers l'oeft, poferas à 8. braffes : & au fond eft nette, & fi tu
veux aller à la ville qui eft deuers le fu de Brehac, qui a nom Pom-
pul, eft vne ville prés, & fi tu voulois aller cercher S. Michel en partant de l'ancraifon de Brehac allant à la route de l'eft fueft, trouueras cap de Late, y a 18. lieues.

Sçaches que fi par aduenture tu viens par dehors de Lorrenne,
eft au milieu du chemin de la rocquetobas allant à l'eft fueft, iras au
milieu de la comporte de S. Malo, & fi tu ne pouuois entrer dedans
iras fus le Chafteau de Late, & poferas à trauers de luy à 8. braffes.

Sçaches que fi par aduenture ne voulois pofer, & fi tu vas par la
comporte, fçaches qu'vn homme qui eft aduifé d'entrer vn nauire
par cette marque, fçaches que la comporte eft deuers Ababour, &
y a vne Eglife petite, & la laifferas deuers Ababour, & prendras
cette marque. Sçaches que vne ville qui fe nomme Cité vieille la
voyras deuers le fueft de S. Malo, & quand tu feras en ladite comporte prendras la muraille de la ville de S. Malo, & de la Cité vieille
deuers l'eft, & iras fus la ville de S. Malo, & le bouteras de longueur
d'vn efquif dedans de cette marque, & poferas deuers faint Malo,
                                                              & gift

& gist vne Isle petite qui se nomme S. Marie de Boya, & te garderas d'aller dessus elle, que auras d'elle, y a vne bache, & iras par cette marque de la muraille de la Cité vieille & de S. Malo, iras poser
à trauers de S. Malo, & si y a pleine mer, y a 13. brasses, & de basse
mer y a 4. brasses, & si tu ne voulois poser iras à la Cité vieille & la
laisseras d'Ababour, & voyras vn Chasteau dedans, & iras poser à
trauers d'elle vne ancre en terre deuers la Cité vieille, & l'autre deuers le su en sec, cecy est sable.

Sçaches que si par aduanture tu sors par la comporte dehors, &
si tu es à chercher Brehac, ne va pas à l'est norroest, si tu ne veux aller dedans Brehac, & s'il y a mauuaise marée, & si est montant iras
à l'oest norroest, & si est iusant, iras au norroest quart de l'est, & iras
bien en cette voye iusques à la moitié du chemin, & depuis iras à
l'oest norroest, iras par la moitié du chemin, cecy est en Lorrenne
d'Aroquetobas & de S. Malo.

Sçaches que de Brehac à l'Andriguet y a 4. lieuës, & y a 2. che-
nals, & se nomment l'vne Almades, & l'autre Torata, & ne pourras entrer sinon que soit belle mer, & à S. Guidast, y a vne lieuë, &
si tu vas dessus le haure de S. Guidast, trouueras vn arbre qui est
deuers le nort, & se nomme port blanc, & semble à l'entrée de
S. Guidast, & de cet arbre à S. Guidast y a vne lieuë, & ces deux arbres se semblent fort, car forces nauires entrent au port blanc, en
pensant qu'ils entrent à S. Guidast. & S. Guidast tient des maisons
anexés à la mer, & tient vne Eglise deuers le surroest de la ville, &
prendras le clocher de l'Eglise, & le bouteras deuers la porte qui
est deuers l'est, & voyras l'arbre descouuert, & poseras là où te
plaira, & le plus mauuais vent est norroest, cecy est dedans S. Guidast, allant chercher les 7. Isles. l'entrée de S. Guidast gist nort nordest & su surroest.

Sçaches que si tu veux poser dans Garnesey, entreras par le cap

de fu furroeſt, & alarge-toy de la pointe où giſt vne bache à deux
aiuſtes de la terre, & paroiſt ladite bache de baſſe mer, & poſeras
à la premiere ſabliere, & ſi tu voulois aller deuant la ville, prens
la mer.

Sçaches que ſi tu voulois poſer en Cherebourg de vent d'aual,
poſeras vn petit deuers l'oeſt de la ville à 6. braſſes, auras abrigo de
nordeſt iuſques au norroeſt ſurroeſt, & ſi voulois entrer dedans
Cherebourg prendras pleine mer, & laiſſeras la ville deſtibour, &
entreras par le milieu, car tout demeure en ſec.

Sçaches que ſi tu veux poſer à la Hogue, bouteras la pointe au
nort norroeſt, & poſeras à 6. braſſes.

Sçaches que ſi tu voulois poſer à Chaorc, poſeras à trauers des
maiſons des peſcheurs à 6. braſſes.

Sçaches que ſi tu veux entrer en Villaruille, prendras marée, car
de baſſe mer n'y a qu'vne braſſe & demie, & à l'entrée prendras
pour marque vn cap blanc qui eſt taillé comme celuy qui eſt au deſſus de Viueflor à l'eſt nordeſt, & porteras ouuert ce cap auec le cap
de ſaincte Marie de Viueflor longueur d'vn eſquif : ainſi entreras
par le milieu de la chenal, & poſeras à trauers du plus haut du rotier
à 6. braſſes, & ſi tu voulois aller à Viueflor, prendras la mer &
bonne marée ſi tu as grand nauire.

Sçaches que ſi tu veux poſer à la Orcade de Dieppe, poſeras à
8. braſſes en paroiſſant la iuſtice, & le norroeſt te viendra par la
pointe.

Sçaches que ſi tu veux poſer au cap Darnes, poſeras à trauers du
village à 15. braſſes.

Sçaches que ſi tu veux poſer à la Orcade de Calais, poſeras à
6. braſſes deuant la Cité, & ſi tu voulois poſer dedans Calais, prendras pleine mer, & laiſſeras la tour de l'entrée deuers Stibour, &
iras au long de la palliſſade, & amareras en la foſſe deras en ſec.

Sçaches que si tu veux entrer ou poser en Medianburc, prendras
la sonde à trauers d'Ostende, & iras par les 5. ou 6. brasses, & iras
ainsi iusques à ce que tu boutes le clocher de Y's auec le clocher d'V-
ringes, & prendras pour marque le clocher de Cassolle d'vn cable
deuers le nort d'vn poys de sable qui sont à l'Isle de Chacolle à la riuiere, & par cette marque susdite iusques à ce que soyent l'vne pour
l'autre, le clocher de saincte Catherine, & le clocher Descapol, depuis iras au nordest iusques à ce que tu passes le banc de la pointe
de Gassarolle, & iusques là tu bouteras la pointe de Chacolle auec
saincte Marie de Retanbourc, depuis iras à l'est nordest, & prendras dauantage de nordest iusques à tant que tu passes le banc de
Chacolle.

Sçaches que quand auras le clocher de Chacolle au su surroest,
seras à trauers du banc de Chacolle.

Sçaches que aussi bien pourras entrer auec ces marques suiuantes, sçaches que quand tu seras au Careyo bouteras le clocher de
S. Catherine, & le Descapol tout en vn, courras au nordest iusques
à ce que tu boutes la pointe de Chacolle auec saincte Marie de Retambourc, depuis cour au nordest quart de l'est, iusques à ce que tu
descouure le clocher de Flessingues d'vn cable à l'entrée és barres,
en portant le clocher de Flessingues descouuert d'vn cable comme
dit est, & alors n'ayes peur du banc de Chacolle ny d'aucun autre,
porteras en tout temps la sonde destibour, & t'approcheras à terre iusques à 5. ou 6. brasses, car la moindre eau est là de ce carreyo,
& quand auras à saincte Marie de Retambourc, auec la maison de
la Caualerie du Chasteau de l'Escluse l'vn pour l'autre, auras de tout
basse mer 4. brasses & demie à la chenal, y a grande vase.

Sçaches que si tu veux entrer en Zelande & Agnosses trauerse
de norroest, & pour entrer deuers le vent de la chenal, prendras les
marques suiuantes, sçaches que le clocher de la Dune iusques entre.

Oſtende & Blancaberge, & le clocher de Dunagaſte, & les clochers
d'Vrniges giſent norroeſt & ſueſt, & ce clocher auras bonne marque pour entrer au carreyo ſuſdit, & iras en ſondant au long de la
coſte dela à 5. braſſes, & prend le clocher de Dunagaſte par terre, à
cauſe des pilles de pierre qui ſont à la riuiere ioignant le clocher, &
leueras le clocher deuers la terre des Poys de ſable de la largeur d'v-
ne voille de naüire, cecy te gardera du banc d'Arenquer, cecy va à
la coſte d'Oſtende dela à la pointe de ſaincte Catherine.

  Sçaches que ſi t'eſt force d'entrer à l'Eſcluſe pour n'y pouuoir
plus rien faire, iras au long de la coſte comme ſi tu eſtois à Zelande
iuſques là, & bouteras les trois voyes auec ſaincte Caterine, & depuis iras droit à elles en cette voye & iras au ſueſt, car ainſi giſt le
carreyo des premieres trois voyes, & depuis iras au long de la terre
comme te ſemblera.

  Sçaches que ſi par aucun temps te failliſſe courre la coſte d'Ol-
lande treſpant à Zelande, ou par fortune de temps, ſçaches que
l'Iſle de Zelande ſur toutes choſes y a vn grand clocher & deux petits l'vn prés de l'autre, & auras pour cognoiſſance d'Eſcrapol des
grandes ſablieres qui ſont monſtres de ſable à vn grand clocher
long & eſtroit deuers le nordeſt, & vn autre plus petit & long, par
ces marques cognoiſtras que tu as outrepaſſé la coſte de Flandres,
& cette terre te demeurera à l'eſt ſueſt, & ſonderas, & trouueras
18. ou 20. braſſes, & ne t'approches à terre à moins de 12. braſſes,
& n'entre point tant à la coſte iuſques que ſorte les caps eſt oeſt
iuſques là, & ayes l'entrée deſcouuerte, & pourras aller au long de
la terre Deſtibour en ſondant par les 5. ou 6. braſſes, iuſques à ce
que voyras les voyes, & ſçaches que en cette entrée y a voyes comme à l'Eſcluſe, & y a dé baſſe mer à les voyes 3. braſſes, & iras ainſi
& ſeras aduiſé au tout.

  Sçaches que ſi par aduanture tu es à la coſte de Flandres en paſ-

ſant le banc du monge, &Nieuport & tu ne pouuois reparer à la Si-
gle, cour au nort quart de nordeſt, & iras à vn lieu qui ſe nomme cap de vntre, & ſçaches que par ce chemin allant en cette routte trouueras vn banc qui ſe nóme Fleſlande & y a 4. lieuës de longueur, & 12. de largeur, & en ceſtuy-cy il n'y a moins de 18. braſſes, & ſçaches que quand tu auras couru 45. lieuës au nort quart de
nordeſt courras au nort nordeſt & iras au cap de Gueſero, & y a
de Oſtende au cap de Gueſero 200. & 2. lieuës, & voyras deſſus ce
cap y a deux grandes montagnes, & le cap giſt bas, l'vne coſte
norroeſt & ſueſt, & l'autre nordeſt & ſurroeſt, & la coſte qui va
norroeſt & ſueſt va par à Noga, & celle qui va nordeſt & ſurroeſt
va par Apriça, & quand tu ſeras prés du cap deuers le ſueſt y a tant
de ports que c'eſt merueille, & dois ſçauoir que partant de Nieuport ou des Monges, cour au nort, trouueras vne terre qui tient
deſſus le haure, qui ſe nomme Eſtoua, y a de trauerſe 300 & 2. l. &
eſt vne terre de ſable.

S'enſuyuent les lieuës de la coſte de Flandres iuſques à Fleſſingues.

Ꞩ Caches que du cap de ſainte Marguerite au banc du Monge 14.
lieuës.

Du banc du Monge à Blancaberge.	9. lieuës.
De Blancaberge à Fleſſingues.	7. lieuës.
De Calais à Grauelines.	3. lieuës.
De Grauelines à Dunquerque.	4. lieuës.
De Dunquerque au Monge.	4. lieuës.
Du Monge à Nieüport.	2. lieuës.
De Nieüport à Oſtende.	2. lieuës.
De Oſtende à Blancaberge.	4. lieuës.

S'enſuyuent les marées de la coſte de Flandres.
Sçaches que de l'eſtrecho iuſques à d'Vnagaſte la Lune au ſu ſur-

roeſt, pleine mer de alture & de corrente au ſurroeſt quart de l'oeſt.

Item en d'Vnagaſte, la Lune au ſu ſurroeſt pleine mer, & de corrente au ſurroeſt.

Item à trauers de Oſtende la Lune au ſu ſurroeſt pleine mer, & de corrente au ſurroeſt.

Item en l'eſcluſe la Lune au ſu quart de ſurroeſt pleine mer de alture & de corrente quart de ſu, pleine mer.

Item en Fleſſingues la Lune au ſu quart de ſurroeſt, pleine mer de Alture & de Corrento au ſurroeſt.

Ité en Remeſſin & en Reua, la Lune au ſurroeſt quart de ſu pleine mer de alture & de corrente côme eaux viues à l'oeſt ſurroeſt.

S'enſuyuent les cours de Fleſſingues iuſques à l'Eſtrecho.

Sçaiches que dãs l'Eſtrecho vient la iuſant de nordeſt quart de nord.

Item de Grauelines à l'Eſtrecho, vient la iuſant de nordeſt prens de nort.

Item de Dunquerque à Grauerlines vient la iuſant de nordeſt.

Item du Monge à Dunquerque vient la iuſant de nordeſt quart de l'eſt.

Item ſus le banc du Monge vient la iuſant de nordeſt quart de l'eſt

Ité d'Oſtende iuſques au Monge vient la iuſant de l'eſt nordeſt.

Item d'Vnagaſte iuſques à Oſtéde vient la iuſant de l'eſt nordeſt

Item du Monge iuſques entre Nieuport & Oſtéde vient la iuſant de nordeſt quart de nord.

Ité de blacaberge iuſqu'à d'Vnagaſte vient la iuſant de l'eſt nordeſt.

Item de la pointe de ſainte Catherine iuſqu'à Blacaberge vient la iuſant de l'eſt.

Item tu dois ſçauoir que de Fleſſingues à Blancaberge, vient la iuſant de pleine mer iuſques au milieu iuſant de l'eſt ſueſt, & de moitié iuſant iuſqu'à baſſe mer au long de la coſte des bans, & en ce paraige la marée t'amarcéra, & la iuſant te iectera dehors.

Item en Laranequer & Escapol vient la prime Marée de norroest quart de nort & de nort norroest.

*S'enfuiuent les routes de la coste d'Angleterre & de
Surlinge iusques à Tened.*

S Caches que Sain & Surlinge, gisét nord norroest & su suestby a
42. lieuës.

Gisent Oyssant & Surlinge norroest & suest quart de nort & su
y 34. lieuës.

Gisent Surlinge & cap de Longaneos est nordest & oest surroest
y a 7. lieuës.

Gisent Surlinge & Peyre Lucya est oest, y a 7. lieuës.

Gisét Peyre Lucia & Loganeos nord nordest & su surroest y a 2.l.

Gisét Loganeos & cap d'Alisart, est suest & oest norroest, y a 8.l.

Gisent Musaolle & Alisart, norroest & suest quart de l'est oest y
a 5.l. & si vas de Longaneos par Musaolle, garde-toy de la rocque
Rynart, qui est prés du cap de Loganeos, & le couure deuers la mer

Gisent Surlinge & Alisart, est oest, y a 14. lieuës en cette voye,
iras hors à vne lieuë.

Gisent cap d'Alisart & Falanme nort & su, y a 2. lieuës.

Gisent Alisart & Gudinan nordest & surroest quart de nort &
su, y a 7. lieuës.

Gisent Fallanme & cap de Gudinan, nordest & surroest quart
de l'est oest, y a 4. lieuës.

Gisét Gudina & Fabric, nordest surroest, quart de l'est oest y a 4.l.

Gisent Gudina & cap de Rame, est nordest & oest surroest y a 8.l.

Gisent Gudinan & la Benedicte, est oest prenant de norroest surroest, y a 10. lieuës.

Gisent Fabric & cap de Rame, est oest quart de norroest & suest
y a 4 lieuës.

Gisent Alisart & la Benedicte & cap de Butre, est nordest &
Oest surroest y a 21. lieuë.

Gisent ca de Raine & la Benedicte nort & su prenant de nordest & surroest y a deux lieuës.

Gisent la Benedicte & l'entrée de plenma nort nordest & su surroest, y a 2. lieuës.

Gisent la Benedicte & cap de Butre, est oest quart de nordest &
surroest y a 6. lieuës.

Gisent cap de Butre & Gaudester, est oest quart de nordest &
surroest, y a 4. lieuës.

Gisent Gaudester & Tornoes, nord nordest & su surroest, y a 4. l.

Gisent Gaudester & Porlaus, est nordest & oest surroest, y a 12. l.

Gisent Gaudester & cap de Toro est oest quart de nordest surroest y a 30. lieuës.

Gisét Porsalu & cap de la Polle est nordest & oest surroest y a 8. l.

Gisent Porsalu & les Agules de l'Isle d'Vye, est nordest & oest
surroest, y a 12. lieuës.

Gisent Porsalu & cap de Toro est oest, y a 15. lieuës.

Gisent cap de Polle & les Agules de l'Isle d'Vye, est oest & oest
norroest, y a 5. lieuës.

Gisent cap de Toro & la Cité, est nordest & oest surroest, y a 7. l.

Gisent cap de Blanc & la Cité, est oest prenant de nordest &
surroest, y a 5. lieuës.

Gisent le cap de S. Helene & la Cité, est oest prenant de norroest
& suest, y a 5. lieuës.

Gisent cap de Torp & Beochep, est oest quart de nordest &
surroest, y a 8. lieuës.

Gisét Beochep & heruge, nordest surroest quart de l'est oest, y a 2. l.

Gisent Beochep & la pointe de Romaneos, est nordest & oest
surroest, y a 10. lieuës.

Gisent Romaneos & cap de sainte Marguerite, nordest & surroest prens de nord & su, y a 11. lieuës.

Gisent

Giſent Romaneos au milieu de Leſtrecho, nordeſt & ſurroeſt quart de l'eſt oeſt, y a 10. lieuës.

Giſent Beochep & cap de Saucater, eſt nordeſt & oeſt ſurroeſt, y a 20. lieuës.

Giſent Douure & Calais, eſt ſueſt & oeſt norroeſt, y a 7. lieuës.

Giſent cap de ſaincte Marguerite, & la pointe de Gudine, eſt nordeſt & oeſt ſurroeſt, y a vne lieuë.

Giſent cap de ſaincte Marguerite & Tened, nord & ſu quart de nordeſt, y a 3. lieuës.

Item tu dois ſçauoir que ſi tu pars de la Dune ou du cap de ſainte Marguerite pour aller à Tened, giſt le carreyo nord nordeſt & ſu ſurroeſt, & garde-toy d'vn banc de S. Duchs, ne t'approches deuers S. Duchs à moins de 5. ou 6. braſſes, & Aleguſine à moins de 9. braſſes, & te regleras auec la ſonde.

Item tu dois ſçauoir que venant de Romaneos, & ſi tu voulois aller en Flandres, ſçaches car giſt vne bache entre Douure & Romaneos bien 4. lieuës à la mer, & giſt auec Romaneos nordeſt quart de l'eſt.

S'enſuyuent les marées de la coſte d'Angleterre.

SCaches que autour d'Oyſſant, conte la pleine mer, la Lune à l'eſt, & au chemin de nordeſt & ſurroeſt iuſques à Gaudeſter, conte la Lune au ſueſt.

Item en Surlingue, la Lune au nordeſt quart de l'eſt, pleine mer.

Item en Longaneos, la Lune à l'eſt nordeſt, pleine mer.

Item en Muſaolle, la Lune à l'eſt nordeſt, pleine mer.

Item dedans Fallanme, la Lune à l'eſt nordeſt, pleine mer, & dehors à l'eſt quart de ſueſt.

Item en Fabie, la Lune à l'eſt quart de nordeſt, pleine mer, dedans les caps d'Aliſar à Gaudeſter, la Lune à l'eſt ſueſt, pleine mer, & dehors les caps, la Lune au ſueſt quart de l'eſt, pleine mer.

Item en Plenma, la Lune à l'eſt quart de nordeſt, pleine mer, &

H.

dehors à l'est suest.

Item dedans Artanme, la Lune à l'est, pleine mer, & dehors à l'est suest.

Item dedans Torres, la Lune à l'est, pleine mer.

Item à trauers de Porlaus à 3. ou 4. lieuës à la mer, la Lune au suest quart de su, pleine mer.

Item au paus de Porlaus, la Lune à l'est suest, pleine mer, & dehors au suest.

Item à les Agulles, la Lune au suest quart de su, pleine mer.

Item à trauers du cap de Toro, la Lune au su suest, pleine mer, & pour poser Destancque prend de su.

Item en Antona & en Porsume, & en Calcoras, la Lune au su quart de suest, pleine mer.

Item en Sorran, la Lune au su quart de suest, pleine mer.

Item au dos de Beochep, la Lune au su, pleine mer, & par dehors prend vn quart de surroest.

Item à trauers de Herlage, la Lune au surroest, pleine mer.

Item dans la Chambre, la Lune au suest, pleine mer.

Item en Romaneos à 24. brasses, la Lune au surroest, pleine mer.

Item dans la d'Vne, la Lune au su surroest, pleine mer.

Item en S. Duchs, la Lune au su suest, pleine mer.

Item aux Clochers & Margata, la Lune au suest, pleine mer.

Item en Douure, la Lune au su, pleine mer de Alture & Destancque au surroest.

S'ensuyuent les tours au long de la coste d'Angleterre.

SCaches que d'Alisart à Longaneos, vient la iusant de l'est suest.

Item de Gudinam à Alisart, vient la iusant de l'est nordest.

Item de Porlaus à Gaudester, vient la iusant de l'est nordest.

Item de Gaudester au cap de Rame, vient la iusant de l'est.

Item de Porlaus à Lim, vient la iusant de suest, & la marée va au sueſt du ſac de Porlaus.

Item du cap de Toro iuſques à Porlaus, vient la iuſant de l'eſt quart de nordeſt.

Item prés de la Cité à 14. ou 15. braſſes, vient la iuſant de nordeſt quart de l'eſt.

Item de Beochep à l'Iſle d'Vye, vient la iuſant de l'eſt quart de nordeſt.

Item de Romaneos à Beochep, vient la iuſant de nordeſt quart de l'eſt, prens plus de l'eſt nordeſt.

Item de Douure à Romaneos, vient la iuſant de nordeſt.

Item de Tened au cap de ſainſte Marguerite, vient la iuſant de nord.

Item en la Tamiſſe, vient la iuſant de l'oeſt ſurroeſt.

S'enſuyuent les lieuës de la coſte d'Angleterre.

SCaches que de Surlingue à Longaneos y a	7. lieuës.
De Longaneos à Aliſart,	8. lieuës.
D'Aliſart à Gudinam.	7. lieuës.
De Gudinam & cap de Rame.	7. lieuës.
De cap de Rame à cap de Butre.	7. lieuës.
De cap de Butre à Gaudeſter.	3. lieuës.
De Gaudeſter à Torres.	4. lieuës.
De Gaudeſter à Porlaus.	14. lieuës.
De Porlaus à l'Iſle d'Vye.	14. lieuës.
Des Agules à S. Elene.	7. lieuës.
De S. Elene à Beochep.	18. lieuës.
De Beochep à Herlage.	6. lieuës.
De Herlage à Romaneos.	7. lieuës.
De Romaneos à Douure.	7. lieuës.
De Douure à Calais.	7. lieuës.
Du cap de ſainſte Marguerite & cap de Tened.	3. lieuës.

S'ensuyuent les trauerses de la coste d'Angleterre au chemin de nord &
su à la coste de Normandie & Picardie.

Caches que gist Oyssant & Longancos, nord & su quart de nor-
roest & sueft, y a 30. lieuës.
   Gisent Oyssant & Alisart, nord & su, y a 20. lieuës.
   Gisent Beaulsanim & Gudinan, nord & su, y a 38. lieuës.
   Gisent Breuerac & la Beneditte, nord & su, y a 27. lieuës.
   Gisent Porsaut & cap de Rame, nord & su, y a 26. lieuës.
   Gisent Isle de Bas & Gaudester, nord & su, y a 25. lieuës.
   Gisent les 7. Isles & Torres, nord & su, y a 16. lieuës.
   Gisent les Casquetz & Porlaus, nord & su, y a 12. lieuës.
   Gisent Barfleur & l'isle d'Vye, nord & su, y a 15. lieuës.
   Gisent la Hogue & cap de Caux & Beochop, nord & su, y a 25. l.
   Gisent Fescamp & Herlage, nord & su, y a 15. lieuës.
   Gisent Cortay & Douure, nord & su quart de nordast & sur-
roest, y a 18. lieuës.
   Gisent Douure & Calais, est sueft & oest norroest, y a 7. lieuës.

S'ensuyuent les trauerses d'Angleterre au chemin de nord
& su, quart de nordest & surroest.

Caches que gist Oyssant & Gudinan, nord & su quart de nordest & surroest, y a 30. lieuës.
   Gisent le Hour & cap de Rame, nord & su quart de nordest &
surroest, y a 28. lieuës.
   Gisent Breuerac & cap de Butre, nord & su quart de nordest &
surroest, y a 30. lieuës.
   Gisent Isle de Bas & Torres, nord & su quart de nordest & surroest, y a 25. lieuës.
   Gisent Garnesey & Porlaus, nord & su, quart de nordest

& ſurroeſt, y a 5. lieuës.

Giſent les Caſquetz & le Polle nort & ſu, quart de nordeſt & ſurroeſt, y a 18 lieuës.

Giſent cul de Lague & les Agules nord & ſu quart de nordeſt & ſurroeſt, y a 20. lieuës.

Giſent cap de Barfleur & cap de ſaint Helene, nort & ſu quart de nordeſt & ſurroeſt, y a 28. lieuës.

Giſent Antifer & Beochep nort & ſu, quart de nordeſt & ſurroeſt, y a 15. lieuës.

Giſent cap de Caux & Herlage nord & ſu, quart de nordoſt & ſurroeſt, y a 23. lieuës.

S'enſuyuent les trauerſes d'Angleterre en chemin de nord nordeſt
& ſu ſurroeſt quart de nord & ſu.

SCaches que Giſent Oyſſant & Porlen, nordeſt & ſurroeſt, y a 53. l.
.Giſent Oyſſant & la Beneditte, nord nordeſt & ſu ſurroeſt, y a 30. lieuës.

Giſent Oyſſant & Gaudeſter, nordeſt & ſurroeſt, quart de nord & ſu, y a 38. lieuës.

Giſent Lorrenne & l'Iſle d'Vye, nordeſt & ſurroeſt, y a 55. lieuës.
Giſent Breuerac & Torres, nord nordeſt & ſu ſurroeſt, y a 30. l.
Giſent le Hour & cap de Butre, nord nordeſt & ſu ſurroeſt, y a 30. l.
Giſent les 7. Iſles & Porlaus, nord nordeſt & ſu ſurroeſt, y a 24. l.
Giſent cul de Lague & l'Iſle d'Vye, nord nordeſt & ſu ſurroeſt, y a 22. lieuës.

Giſent cap de Barfleur & la Cité, nord nordeſt & ſu ſurroeſt, y a 20. lieuës.

Giſent cap de Caux & la Chambre, nord & ſu quart de nordeſt & ſurroeſt, y a 23. lieuës.

Giſent Breuerac & Porlaus, nordeſt & ſurroeſt quart de nord & ſu, y a 45. l.

Gifent l'Ifle de Bas, & la Polle, nordeft & furroeft quart de nord & fu., y a 36. lieuës.

Gifent les Chafteaux & les Agules, nordeft & furroeft quart de nort & fu, y a 181 lieuës.

Gifent Cherebourg & la Cité, nordeft & furroeft quart de nord & fu, y a 23. lieuës.

Gifent la Hogue & Beochep, nordeft & furroeft, quart de nord & fu, y a 28. lieuës.

Gifent cap d'Antifer & cap de Saucater, nordeft & furroeft quart de nord & fu, y a 30. lieuës.

Gifent cap de Barfleur & Beochep, nordeft & furroeft, y a 30. l.

Gifent Longaneos & l'Ifle de Bas, norroeft & fueft, pren de nord & fu, y a 35. lieuës.

Gifent Alifart & les Dragons, norroeft & fueft, y a 28. lieuës.

Gifent cap de Rame & Aroquetobas, norroeft & fueft, quart de nord & fu, y a 35. lieuës.

Gifent Gaudefter & Garnefey, norroeft & fueft, y a 16. lieuës.

Gifent les Cafquetz & Torres, norroeft & fueft, y a 18. lieuës.

Gifent Porlaus & Barfleur, norroeft & fueft, y a 24. lieuës.

Gifent l'Ifle d'Vye & cap de Caux, norroeft & fueft, y a 27. l.

Gifent la Cité & S. Balerin, norroeft & fueft, pren de l'eft oeft, y a 16. lieuës.

S'enfuiuent les entrées de la cofte d'Angleterre.

SCaches que fi tu voulois entrer dans Surlingue par l'étrée major, giffe la Carreyo norroeft & fueft quart de l'eft oeft, dans l'Ifle major voyras le Chafteau au long, & defcouuriras l'entrée, laiffe-le Chafteau deuers Stibour, & iras par dedans, donnant Amor deuers Stibour, & garde-toy d'vne bache qui gift au milieu, & s'il y a grãd mer, la voyras rompre, & iras par dedans, donnant Amor à la terre Deftibour, & à la pointe du Balüart, & pofe deuant la fabliere à 7.

ou 8. brasses.

Sçaches que si tu veux poser à Montesbay, poseras à trauers du Chasteau, à 10. ou 12. brasses.

Sçaches que si tu veux poser en Fallanme, sçaches que gist l'entrée de Falanme & Alisart nord & su, y a 4. lieuës, & entreras par quelle part que tu voudras, mais deuers l'est est plus large, & poseras là où te plaira.

Sçaches que entre Alisart & Fallanme y a vn port de marée qui se nomme Albert, & quand seras à l'entrée iras prés de la pointe Destibour, auec la sonde à la main, iusqu'à ce que tu sois tant auant cóme vn colombier qui paroist deuers Ababour, & pose-le à de basse mer 4. brasses, & gist vne bache deuers l'entrée Destibour.

Sçaches que si tu voulois entrer en Plenma à l'Isle de Tressá garde-toy de la pointe de l'Eglise, approche-toy deuers le nord, & pose là où te plaira.

Sçaches que si tu veux entrer en Fabic, sçaches qu'à l'entrée y a 2. tours deuers le nordest, l'vne se nomme S. Saluador, & deuers le surroest y a vne autre qui se nomme sainte Catherine, & iras par le milieu du haure tout droit à vne petite tour qui est à l'oest norroest ioint auec la tour petite, iras tout droit par le milieu, & quand auras passé là tours tu t'approcheras en Salamáde de nordest, à basse mer de l'est quart de nordest, & pose là où te plaira.

Sçaches que si tu voulois entrer dedans Plenma, approche-toy prés de la tour de l'artillerie iras dedans par la chenal, & poseras là où te plaira à 6. ou 7. brasses.

Sçaches que si tu veux poser en Gaudester, pose à la pointe de Rune à 10. brasses auras celle de l'oest surroest.

Sçaches que si tu veux poser dans Artáme, porteras tout découuert vne fenestre qui est à l'Eglise deuers le nordest, & gist deuers l'est, non pas au premier cap, mais à l'autre vne bache fort mauuaise, deuers l'oeft vne autre, & vne autre dedans, & pose là où te plaira.

Sçaches que si tu voulois poser en Torres, pose à 6. brasses, auras celle de surroest, & si poses à 5. brasses, auras celle de suest.

Sçaches que si tu veux poser en Porlaus, pose à 6. brasses, la pointe viendra au su, pleine mer de l'est suest, & regarderas du sarrille du cap.

Sçaches que si tu veux poser ou entrer par les Agulles d'Isleduye, t'approcheras de la longueur d'vn cable deuers Ababour, car il y a vn banc qui est tout sec, & la maree ierre aux Agulles, & la iusante entre au banc, & quand seras dedans, garde toy, pource qu'il y a vne hache ioint au second cap des Agulles, & porteras pour marque la pointe de Larmie outre auec le cap de l'Isle, & quand descouuriras la ville Cremado, ne t'approches trop à terre, pource que gist vne hache, & quand auras passé à la ville Cremado, iras au long de la terre iusques à tant que tu passes Auisport, & si tu veux aller à Sanluuedo, voyras deuers le nord vn clocher qui se nomme Quioquauille, & là trouueras auec la terre qui est vn riuiere qui semble vne gallere, va en cette marque iusqu'au clocher de S. Michel, & de là en la découuriras le clocher Datona auec vne tour haute, & y a vn boscaige prés Dantona, & quand seras là, poseras l'vn auec l'autre iusqu'à que vieras à Saduuedo, & poseras là où te plaira.

Sçaches que si tu voulois entrer dans S. Helene, garde toy de la pointe, car elle cherche, & iras poser au deuant, aux 7. brasses, & non moins, & sçaches qu'à l'entrée de sainte Helene pour aller à Antona gisent le Carreyo nord norroest & su suest, & quand tu seras en cette routte, voyras par dessus la ville de Porsume iusqu'à ce que tu t'approches de la tour de Porsume, & iras là où te plaira, & si tu voulois aller à Antona, porteras les marques susdites.

Sçaches que si tu es à partir de S. Helene pour aller à Flandres, iras au suest iusques à 18. brasses, depuis iras à ton chemin.

Sçaches

Sçaches que si tu veux poser en Beochep par l'autre bande à la Benedite, poseras derriere la pointe à 8. ou 9. brasses au ras celle de l'oest surroest, & si tu voulois poser dans Beochep auec vent de nordest, poseras à trauers du village là où il te plaira.

Sçaches que si tu veux entrer par le chenal de Quicqualesens, porteras pour marque le clocher de Rye au nord norroest, iusques à ce que tu boutes les moulins de la ville à l'oest, & depuis iras dedans & poseras dedans à la Croix comme il te plaira.

Sçaches que si tu veux entrer dans la Chambre porteras descouuert à Beochep auec Ferlage la longueur d'vne gallere, iusques à ce que tu sois à trauers de la terre, depuis iras dedans iusques là où il te plaira, & pose à trauers de la Croix.

Sçaches que si tu veux poser en Romaneos, pose à trauers des cabanes à 6. ou 7. brasses.

Sçaches que si tu veux aller aux Dünes, deras arim à saincte Marguerite, & prendras la sonde à la main, & iras dedans à trauers des cabanes, & poseras là où il te plaira.

Sçaches que si tu veux poser aux Dünes à Tened, porteras pour marque le clocher de saincte Marguerite auec vne montagne qui est bas, & paroist iusques à vn traict d'arbaleste, & la bouteras au nord nordest, & portant ledit clocher auec la montagne, & iras prés de la Gudine & n'ayes peur, & si tu vas par ces marques iusques à ce que tu boutes vne Tour qui est à demie lieuë de Tened prés de la riuiere auec la terre blanche, & iras droit au cap, & ne t'approches fort au cap d'autant qu'il sort dehors, depuis pose là où il te plaira.

S'ensuiuent les cognoissances de la coste d'Angleterre.

SCaches que le cap de Longaneos est haut, & de la mer en dehors deuers la riuiere est pointu, & de prés se faict comme vne gallere, & deuers Musaolle y a grandes montagnes, & iau plus haut du

cap tient vne Eglise iointe auec le cap de S. Yuès, & y a vn paus
que fait celle de l'est nordest, & deuers Musaolle y a vne sabliere,
& y a vn paus de 20. brasses.

Sçaches que le cap de Longaneos & Pierre Lucye, gist nord nordest & su surroest, y a 2. lieuës.

Sçaches que si tu as enuie de venir d'Alisart à Musaolle, baille-
ras espace à la pointe de S. Nicolas longueur de demy lieuë, parce
que les requestes de la pointe sortent à la mer, & depuis approche-
toy à l'Eglise de Musaolle entreras à 7. brasses, & si tu voulois aller
plus auant iras aux cabanes des pescheurs, y a demy lieuë de Musaolle, & auras la pointe de surroest, & poseras à 5. brasses.

Sçaches qu'au nordest de Musaolle voyras vn Chasteau qui se
nomme S. Michel de Montestay qui est à trauers d'vne sabliere, &
y a lieu pour surgir.

Sçaches qu'entre Lisart & Fallanme y a vne montagne orcade,
& est de bon cognoistre qu'a trois poys, & le plus petit est deuers
l'oest, & le plus haut est grand & est deuers l'est.

Sçaches qu'Alisart te semblera de la mer en dehors basse à la riuiere au nord, toute la terre de Certan blanche de la mer à l'Orcil-
le, y a estanques, & y a vne sabliere au milieu des caps.

Sçaches qu'entre Gaudester & Artamme y a vne sabliere qui
dure iusques à Artamme, & voyras prés d'elle, y a vne abadie auec
vn clocher qui est prés d'Artamme, & voyras des rocques, & les
laisseras deuers ababout.

Sçaches que si tu viens de la mer en dehors, & que tu cognoisses
auoir cognoissance ou de Gaudester, & si tu veux aller à Artamme,
iras dessus la plus haute terre que voyras deuant là où est Artamme.

S'ensuyuent les routes de Sain à Surlingue, & de Surlingue
à Longaneos iusques à Bristol.

SCaches que Sain & Surlingue gisent nord norroest & suest, y a 4.

Giſent Oyſſant & Surlingue, norroeſt & ſueſt quart de nord & ſu, y a 34. lieuës.

Giſent Surlingue & Louday, nordeſt & ſurroeſt prenant de nord & ſu, y a 30. lieuës.

Giſent Surlingüe & Pierre Lucye, eſt oeſt, y a 7. lieuës.

Giſent Surlingue & Lóganeos, eſt nordeſt & oeſt ſurroeſt, y a 7. l.

Giſent Pierre Lucye & Longaneos, nord nordeſt & ſu ſurroeſt, y a 2. lieuës.

Giſent cap de Longaneos & Louday, nordeſt & ſurroeſt quart de nord & ſu, y a 25. lieuës.

Giſent cap de Surlingue & les ſept pierres, nord nordeſt & ſu ſurroeſt, y a 2. lieuës & demie.

Giſent les ſept pierres auec le cap de nord de l'hermité de Surlingue, nordeſt & ſurroeſt prenant de l'eſt oeſt, y a 2. lieuës à l'hermite, & tient vne ſabliere deuers le nordeſt.

Giſent cap de Longaneos & les ſept pierres, eſt oeſt, y a 5. lieuës, & aucunes d'elles ne ſe deſcouurent de baſſe mer, & giſent nord norroeſt & ſu ſueſt.

Giſent Chapiſto & Louday, nordeſt & ſurroeſt, y a 10. lieuës.

Item tu dois ſçauoir que ſi tu pars du port de Surlingue ſus la nuict ou ſa razon, ne feras moins de la voye de nord nordeſt, & pour te garder des ſept pierres, & ſi tu leuës marée prend de l'eſt allant à voye de nord nordeſt, ſeras deſſus les ſept pierres.

Giſent Louday & la Combe, eſt oeſt quart de nordeſt & ſurroeſt, y a 8. lieuës.

Giſent la Combé & Mineut, eſt oeſt, y a 5. lieuës.

Giſent l'alture de Mineut, & les Ormes, nordeſt & ſurroeſt, quart de l'eſt oeſt, y a ſept lieuës allant de Mineut, la voye de nordeſt & ſurroeſt quart de l'eſt oeſt, & tu te garderas d'vn banc qui giſt à la meſme route, & qui paroiſt de baſſe mer d'eaux viues, y a fur le banc 2. braffes, & bon chemin.

Item tu dois fçauoir, car fi tu voulois laiffer ledit banc deuers ababour, leue l'Orme petite deuers le nordeft quart de nord, & pour laiffer ledit banc deuers ftibour, leue l'Orme petite à l'eft nordeft, il y a de l'Orme petite au banc 2. lieuës, & ainfi te pourras garder du banc, & defcouure deuers la pointe de fueft de l'Orme petite, & fi tu l'as ferré auec la pointe de l'Orme, feras deffus ledit banc.

Gifent les Ormes & le bofcaige, nordeft & furroeft quart de l'eft oeft, y a 7. lieuës.

Gifent Quincquarade & l'Ifle de l'entrée de Chapifto, nord nordeft & fu furroeft, y a 2. lieuës.

Gifent l'Ouday & les Ormes, eft nordeft & oeft furroeft, y a 18. l.

Gifent l'Ouday & Mirafurde, nord norroeft & furroeft, y a 14. l.

Gifent l'Ouday & Caldey, nord & fu, y a 9. lieuës.

Gifent Longaneos & le haute de Mirafurde, nord nordeft & fu furroft, y a 18. lieuës.

S'enfuyuent les fondes de la manche de Briftol.

SCaches que fi tu es deffus la bache de Surlingue à 60. ou 64. braffes, & fi tu ne tiens le fengal comme fi tu ne voulois donner au fonds, allant la voye de l'eft nordeft, iras à Louday.

Sçaches qu'entre Surlingue & Mirafurde, trouueras à la route 40. braffes, & fable menu.

Sçaches que du cap de Longaneos iufques à Louday, trouueras 40. braffes fable rallo, & deffus le cap Dartay à 35. braffes fengal de pierres comme peyrim.

Sçaches qu'aupres de l'Ifle de Louday trouueras 20. braffes.

Sçaches que entre Mineut & Louday, à la chenal y a 35. braffes.

Sçaches que entre Mineut & les Ormes y a la chenal de 20. à

25. braſſes.

Sçaches que des Ormes iuſques à quincquarade, y a à la chenal deuers la mer, 12. ou 13. braſſes.

S'enſuiuent les marées de la manche de Briſtol.

S Caches qu'en Surlingue, la Lune au nordeſt quart de l'eſt pleine mer.

Item en Longaneos, la Lune à l'eſt nordeſt, pleine mer.

Item en Chapiſto, la Lune à l'eſt quart de nordeſt, pleine mer.

Item au cap Dartay & Louday, la Lune à l'eſt quart de nordeſt, pleine mer.

Item en Berreſtanles, la Lune à l'eſt prens de nordeſt, pleine mer.

Item de Longaneos iuſques à Louday, la Lune à l'eſt quart de nordeſt pleine mer.

Item en la combe, la Lune à l'eſt prens de ſueſt pleine mer.

Item de Louday iuſques à Mineut, la Lune à l'eſt prens de ſueſt, pleine mer.

Item aux Ormes, la Lune à l'eſt quart de ſueſt pleine mer.

Item en Briſuate, la Lune à l'eſt ſueſt, pleine mer.

Item des Ormes iuſqu'au boſcaige, la Lune à l'eſt quart de ſueſt, pleine mer.

Item en Quincquarade, la Lune à l'eſt ſueſt pleine mer.

Item en Cardif, la Lune à l'eſt, prens de nordeſt, pleine mer.

S'enſuyuent les cours au long de la manche de Briſtol.

S Caches que de Louday iuſques à Longaneos vient la iuſant de nordeſt quart de nord.

Item entre Artay & Louday vient la iuſant de nord nordeſt, & garde-toy touſiours de cette part ſera l'angaidge, & garde, car ne iuge la courrente.

Item de Mineut iufques à Louday vient la iufant de l'eft quart de nordeft.

Item des Ormes iufques à Mineut, vient la iufant de l'eft prenant de fueft.

Item du pais du bofcaige iufques aux Ormes, vient la iufant de l'eft nordeft.

Item entre Louday & Caldey, vient la marée de l'oeft furroeft.

S'enfuiuent les marées de la cofte de Gaule.

SCaches que en Caldey & Mirafurde, la Lune à l'eft prenant de nordeft pleine mer.

Item au cap de Galles, la Lune au fueft quart de l'eft, pleine mer.

Item en Gorfume & en Remenfin, la Lune au fueft, pleine mer.

Item dedans le port de Baldrefi, la Lune à l'eft fueft, pleine mer.

Item en Spol & en Chiftre & Beaulmares, la Lune au fu fueft, pleine mer.

S'enfuiuent les marées de la côfte de Calais en Angleterre.

SCaches que du cap de S. Dauid iufques à Holier, les marées font norroeft & fueft, y a 30. lieües, gifent nord & fu.

Item de Holier à Beaulmares, y a 14. lieües, les marées font norroeft & fueft, pleine mer, la cofte gift norroeft & fueft.

Item Beaulmares & la barre de Chiftres, les marées font nord nordeft & fu fueft, y a 8. lieues, à la routte gifent eft oeft.

Gifent Beaulmares & Ifle de Man, nord norroeft & fu fueft, y a 14. lieües, les marées font norroeft & fueft.

Gifent Holier & Brechil qui eft à la cofte d'Irlande, eftant eft oeft, prens d'vn quart de nordeft & furroeft, les marées font à Brechil eft oeft.

Item au haure Millefort à la cofte de Galles, les marées font eft oeft, à la mer font norroeft & fueft.

Item à Surlingues, les marées ſont eſt nordeſt & oeſt ſurroeſt, pleine mer.

Item au cap de Cornoüaille, ſont les marées eſt nordeſt & oeſt ſurroeſt, pleine mer.

Item à Louday ſont les marées, eſt nordeſt & oeſt norroeſt, pleine mer.

Item à Briſtol, ſont les marées eſt oeſt pleine mer.

Item Agataſurde ſont les marées eſt oeſt pleine mer.

Item tu dois ſçauoir, car ſi tu viens à la coſte de Galles par nuict ou ſarrazon, ne t'approches à moins de 15. braſſes de la terre, & ſi tu vas à Irlande, ne t'approches à moins de 50. braſſes à la terre.

S'enſuyuent les marées depuis l'eſtroit de Gilbatar iuſques à la
à la manche d'Eſcoſſe.

SCaches que depuis l'eſtroit de Gilbatar iuſques au ras d'Outanant, les marées ſont nordeſt & ſurroeſt, ſans Mamiſſon & S. Gilles à l'eſt nordeſt, au raz pren vn quart de l'eſt oeſt.

Item depuis le raz du long de la coſte de Bretagne, Normandie & Picardie iuſques à l'Iſle d'Irlande, les marées ſont eſt oeſt.

S'enſuiuent les marées de la baſſe Bretagne de port en port.
SCaches que deuant le Conqueſt, les marées y ſont nordeſt & ſurroeſt, Porſalz, Abreduye, cour à l'Iſle de Bas, les marées ſont eſt nordeſt, & oeſt ſurroeſt.

Item tu dois ſçauoir que S. Paul de Leon, Morlaix, le Monport blanc & Lantriguet, S. Brieu deuant S. malo, Quicquauille, à tous ces lieux les marées ſont eſt oeſt, & aux 7. Iſles auſſi.

Item tu dois ſçauoir que au Caſquet, les marées ſont oeſt norroeſt & eſt ſueſt, La rade Blanchar, le cap S. Germain, norroeſt & ſueſt quart de oeſt.

Item au raz Blanca content, & Cherebourg, Barfleur, Honfleur, l'entrée de la riuiere deuant Habrenef, à tous ceux ladite marée court norroeſt & ſueſt fors qu'à Dieppe Habrenef.

Item tu dois ſçauoir qu'en ville Corte, Bologne, Calais, du Caſ-quet, à tous ceux les marées y ſont nord norroeſt & ſu ſueſt.

Item tu dois ſçauoir que deſſus le banc qui eſt à la routte, la ma-rée eſt nord & ſu, Nieuport, Oſtende, les Bacques, Deſcus, Flan-dres, Centour, l'Iſle d'Irlande, les marées y ſont norroeſt & ſueſt.

S'enſuyuent les entrées de la manche de Briſtol.

SCaches que ſi tu veux poſer dans Longaneos, poſe à la ſabliere de l'eſt à 25. braſſes, auras la plus nette & bon pour poſer.

Sçaches que ſi tu veux poſer en Santis, poſe à trauers de l'Iſle en plus ou moins profond, & pour entrer au Cap du Cay à moitié marée.

Sçaches que ſi tu veux poſer ou entrer en Chapiſto, approche-toy deuers l'oeſt, & laiſſe l'Iſle Deſtibour, & quand ſeras dedans poſe, pource qu'il y a deſſus petite eau, auras de baſſe mer 2. braſ-ſes & demie, auras pour connoiſſance vne ſabliere qui eſt à trauers de l'Iſle deuers l'eſt.

Sçaches que ſi tu veux poſer au cap Demurs auec nordeſt, poſe à 8. ou 9. braſſes.

Sçaches que ſi tu veux poſer en Louday auec vent d'aual, poſe-ras au milieu de l'Iſle à 8. ou 10. braſſes, & ſi tu poſes auec nordeſt dans Louday, poſe à la ſelle de l'Iſle, le profond eſt grand, y a vn banc à demy lieuë du cap de nord de Louday, car il n'y a de baſſe mer ſinon vne braſſe.

Sçaches que ſi tu veux entrer en Berreſtaules eſt port de marée, & prens la mer.

Sçaches que ſi tu veux entrer au Cay de la combe, as meſtier de 2. tiers de marée, & ſi tu voulois poſer au haure, poſeras à trauers de l'hermite, à 10. ou 12. braſſes.

Sçaches que ſi tu veux poſer à Mineur, poſe à trauers de la ville,

à 10.

à 10. brasses, & si tu vas à Brisuate pren la mer.

Sçaches que si tu veux poser dans l'Orme, pose deuers le nordest de l'Orme petite, pleine mer, à 12. ou 13. brasses.

Sçaches que si tu veux aller voltigeant à l'alture de Mineut, iras deuers suest comme de norroest, iras par le milieu du carreyo, & te gouuerneras par la sonde & par les marques susdites.

Sçaches que si tu veux aller de l'Orme par Abristol auec grand nauire, prens bonne marée, & leüe l'alture de Mineut par le milieu de l'Orme petite, gise le carreyo nordest & surroest quart de l'est oest, & si tu vas voltigeant, ne t'approches deuers Galles à moins de 9. ou 10. brasses, deuers Galles és apicque y a des bancs qui iettent deuers Angleterre, tu te pourras approcher à 5. ou 6. brasses, & tu seras au plus estroit, quand auras vn moulin haut en vn mont, en ce paus trouueras demy marée 5. ou 6. brasses, tu te gouuerneras comme dit est, depuis iras au long de la terre destibour à Quincquarade, & pose de pleine mer à 10. ou 12. brasses, auras de basse mer 5. ou 6. brasses.

Sçaches que si tu viens de Louday pour aller aux Ormes à la route de l'est nordest, ne t'approches deuers Galles par le banc de Carabaude, ce banc dure beaucoup est oest, & ne t'approches à moins de 12. brasses, ny à trauerser deuers Galles iusques à tirer à Mineut au su ou su surroest, depuis pourras aller au long de la terre, & garde-toy du banc.

Sçaches que à trauers de Brisuate y a vn banc, qu'il n'y a de basse mer, sinon deux brasses & demie, allant de Mineut pour aller aux Ormes, te garderas dudit banc.

Sçaches que si tu veux aller au long de la terre de Galles par Acardiffe, iras par le milieu de la sonde, donneras Amor à la forme par vne bache qui est deuers Cardiff & posé, auras de basse mer trois brasses & demie, te saillira la pointe au su surroest, & la marée vient

K

de fu au furroeſt, & ne te poſes à l'Orme pour vn banc qui giſt deuers ſueſt, de baſſe mer paroiſt.

Sçaches que ſi tu veux paſſer par entre le banc & l'Orme petite,
tu trouueras l'Orme petite ouuerte de la longueur d'vne Gallere
deuers ſueſt, eſt bon chemin, y a de baſſe mer trois braſſes & demie.

S'enſuyuent les entrées des ports de Galles & entrée de Mirafurde.

SCaches que ſi tu veux poſer en Caldey, ſerre-toy à l'iſle de Caldey, & boute l'iſle au ſueſt, & quand tu deſcouuriras le clocher
petit qui eſt dans l'iſle, poſe à trauers du village, & auras de baſſe
mer quatre braſſes & demie, & de pleine mer à vnze braſſes.

Sçaches que ſi tu veux entrer dans Mirafurde, giſt l'entrée eſt
oeſt, iras par le milieu de la pointe d'ababour, y a vne Egliſe en
paſſant vn hermite qui eſt deuers ſtibour, & poſe à 5. braſſes, & ſi
tu veux cognoiſtre le port de Mirafurde, y a vn village qui ſe nomme le Dulle, voyras au cap d'ababour deuers la mer des Iſles, à vne
lieuë dehors des Farillons deuers l'eſt, y a vne ſabliere prés du
port, & à terre deuers l'eſt toute planiere & baſſe ſe fait comme
trois caps.

Sçaches que Caldey eſt plus long eſt pleine de pleine mer, y a
vne Egliſe ronde qui ſemble le Chaſteau, & deuers l'eſt de Caldey,
voyras vne rocque deuers l'eſt nordeſt de la ville, là eſt le port là
où les nauires donnent en ſec de baſſe mer entre Caldey & Tene-
bij, y a de mauuaiſes baches qui ſe couurent de demy marée, & ſi tu
viens de Caldey par Mirafurde, y a vne bache deuant, & garde
toy que tu ne t'approches à l'entrée & ſort à la mer, & pour te garder de la bache tient deſcouuert Caldey dehors de la terre, & la bache à trauers de la pointe de l'eſt, & depuis que tu doubleras n'ayes
peur & iras poſer.

S'enfuyuent les fondes en venant de Cisarge pour aller au Bocquament
de la chenal d'Angleterre.

SÇaches qu'vn nauire qui part de Cisarge, & va à Oyssant à la
route de nord nordest & susurroest, & si tu trouues & fondes
100. ou 90. ou 80. brasses, & si tu trouues au fonde escailles de saint
Iacques ou basse, seras deuers Molines ou en la Guolle de l'Irlesse,
& si est marée, iras au nord pour te garder d'Oyssant.

Sçaches qu'allant chercher d'Oyssant à la voye de nord nordest
& fondes 80. ou 90. brasses, auras à Sain 13. ou 14. lieuës, & si tu la
trouues basse, & qu'il n'y aye sengal menu, seras à l'Isle, & assoumi-
ras les brasses, & si fondes 80. brasses, trouueras arrestes comme
escailles de saint Iacques, iras droit au nord pour te garder d'Oys-
fant iusques le tirer au nordest.

Sçaches que tenant Oyssant au nordest à les 85. brasses, auras à
Oyssant 22. lieuës, & sengal de sable menu, & de 80. brasses 20.
lieuës, & de 75. brasses 15. lieuës, & de 70. brasses 10. lieuës à la
terre.

Sçaches que allant la voye de nord nordest & fondes 75. ou 80.
brasses, & si tu trouues sable menu vermeil seras aupres d'Oyssant,
& si le iour & le temps te mandasse aller au nordest chercher Oys-
fant, y aura 10. ou 12. lieuës.

Sçaches que si tu fondes 70. brasses & sengal d'arrestes comme
sable pietre seras dedans Oyssant te saillira au suest, & suiuant dedans la chenal entre Oyssant & Longaneos ou Lisart, & fondes 70.
brasses sable gros vermeil, seras deuers Cornaille, auras à la terre de
nord nordest 15. ou 16. lieuës.

Sçaches que deuers Cornaille est segide, & quand poseras dedans les caps & fondes 50. ou 53. brasses, & sengal de pietres noirs
arrestes comme cora, seras à l'entour d'Alisart & par nuict ou fara
razon, ne t'abaisses de 50. ou 45. brasses à l'entour de luy

K ij

Sçaches que entre Sain & Surlingue, à la route de nord norroeſt & ſu ſueſt, trouueras 70. braſſes entre Oyſſant & ſur l'eſt, à la route de norroeſt & ſueſt quart de nord & ſu trouueras 65. braſſes, & de Oyſſant allant la voye de norroeſt, trouueras 66. braſſes, allant deuers la mer d'Oyſſant de les 75. braſſes, allant la voye de ſurroeſt doubleras Sain.

Sçaches que tenant Sain au nord de les 100. braſſes, auras à Sain 15. lieuës, & de 90. braſſes 13. lieuës, & de 70. braſſes 8. lieuës, & de 60. braſſes 4. lieuës, & tenant Outanant au nord de les 64. braſſes, auras à Outanant 4. lieuës, & garde: car la marée cour fort entre Sain & Oyſſant, à la route y a 50. braſſes, & ne t'abaiſſes de celles-là, & ſi eſt marée iras au nord norroeſt, & te iettera deſſus les molines, car l'eau cour fort.

Sçaches que ſi tu vas chercher Turiane, chercher Aliſart de les 80. braſſes, auras Aliſart 40. ou 45. lieuës, & trouueras ſable gros meſlé à trauers d'Aliſart, 8. lieuës à la mer trouueras 57. braſſes ſengal vermeil ſable gros entre le Hour & Longaneos à la chenal, y a 60. braſſes.

Sçaches que au paſſage de Breuerac, ou à l'Iſle de Bas, tenant à Oyſſant au ſurroeſt prenant du ſu, trouueras en lieux 70. ou 75. braſſes, & ſi ſondes 60. braſſes auec ſengal de pierres comme febues, ſeras deuers l'Iſle de Bas entre le Hour & Gualbay de les 43. braſſes, auras à terre vne lieuë, & de 63. braſſes 2. lieuës deuers ſueſt des ſept Iſles, & de 53. braſſes 8. lieuës à terre.

Sçaches que ſi tu es au paſſage de Rocquetobas, & ſondes 40. braſſes, & ſi trouues ſable gros vermeil, iras de tout au nord pour doubler le cap de Grane à trauers de Remy, trouueras fort profond.

Sçaches que de Surlingue iuſques à Aliſart de nuict ou ſarrazon, ne t'abaiſſes de 50. braſſes, & d'Aliſart iuſques à Gaudeſter ne t'abaiſſes de 40. ou 45. braſſes par nuict ou ſarrazon, de Gaudeſter à

Porlaus, ne t'abaiſſes de 30. ou 35. braſſes, & de Porlaus à l'Iſle d'Vye iuſques à Beochep iuſques à Romaneos, ne t'abaiſſes par nuict ou ſarrazon à moins de 20. braſſes, le meſme iuſques à Douure.

Sçaches qu'entre l'Iſle de Bas & Fabic en la chenal, tu trouueras 55. ou 57. braſſes, & deuers l'eſt ſueſt à 5. lieuës de Fabic, trouueras vne rocque, & y a deſſus elle 12. braſſes, & au pied d'elle y a 50. braſſes.

Sçaches que entre Artamme & les 7. Iſles y a à la chenal 47. braſ-ſes à 3. lieuës de Gaudeſter, trouueras 35. ou 37. braſſes, & ſable rou-ge meſlé auec arieſtes, ainſi trouueras au paſſage de lim, ſable gros ou plom iuſques au ſac de Porlaus à trauers de lim, & trouue-ras 38. braſſes, au fonde de pierres groſſes.

Sçaches qu'à trauers de Porlaus en veuë de lim, trouueras 35. braſſes, & ſengal de pierres menuës blanches, à 30. braſſes au fon-de, groſſe lixoſſe : aduiſe car toutes ces fondes ſont en veuë de Por-laus, & y a en lieux pierres.

Sçaches que entre Garneſey & Porlaus, y a à la chenal 40. ou 45. braſſes, allant entre les Caſquetz & Porlaus, iras à la voye de l'eſt quart de nordeſt pour doubler Beochep.

Sçaches qu'entre l'Iſle d'Vye & la Hogue, y a à la chenal 35. ou 40. braſſes, deuers la Hogue il eſt tout plein de rocques, & deuers An-gleterre eſt nette, & ainſi ſçauras de quelle part ſeras.

Sçaches qu'à 4. lieuës à la mer du cap de Toro, trouueras 25. ou 27. braſſes, & au ſu du cap de S. Helene 4. ou 5. lieuës à la mer, trouueras 26. ou 27. braſſes allât plus auſnt trouueras 35. ou 40. braſ-ſes, & n'aye peur de la voye de l'eſt quart de nordeſt, prendras con-noiſſance de Beochep.

Sçaches que ſi tu es à 20. braſſes, & ſi tu te iettes ſur la Cité, trouueras au fonde frapeure des rocques & au plom comme tailla-des de fillet, prim : alors ſeras au paſſage de la Cité vieille, ceſte fonde te fuyura iufques à 7. calles à la route de 20. braſſes, ou auoir connoiſſance de Beochep ou de Herlage, deuant que tu entres à l'Eſtrecho.

Sçaches qu'entre Beochep & Antifer à la chenal y a 30. ou 35. braſſes entre Dieppe & la Chambre, trouueras les meſmes braſſes, mais deuers l'oeſt de Herlage, 2. lieuës à la mer, & y a lieuës de 10. ou 12. braſſes.

Sçaches qu'entre Douure & Bologne y a vn banc qu'il n'y a de baſſe mer ſinon 3. braſſes ou 3. & demie, en ce banc eſt Auguoſto, giſt nordeſt & ſurroeſt, & giſt auec Douure nord norroeſt & ſu ſurroeſt, ſe nomme le banc de Floceſtan, & entre le banc & Angleterre trouueras 25. ou 26. braſſes, & de Picardie trouueras 24. ou ou 25. braſſes, la ſonde fauſſe iufques audit banc, plus deuers Picardie que Angleterre.

Sçaches qu'en Douure & Saucater y a 22. braſſes en lieuës y a 27. braſſes, entre Douure & Calais y a 27. ou 28. braſſes.

S'enſuiuent les ſondes en venant de Turiane pour aller à Surlingue.

Sçaches que ſi tu parts de Surlingue ou de Mongie, & ſi tu és à cercher Surlingue & ſondaſſe 100. braſſes & ſengal de ſalpietre comme ſengal de baſſe, & ſi tu ne trouues ſengal comme ſi tu ne donnois à terre, & ſi Glaco grand chemin & ſi ne t'abaiſſe ſinon vn petit, ſeras deſſus le bac de Surlingue de 100. braſſes auras à Surlingue 5. lieuës.

Sçaches que ſi tu es deuers Surlingue & ſondes 80. braſſes, & ſi tu trouues ſable menu comme ſalpeſtre mélé, & iras la voye de nord nordeſt 4. ou 5. l. & aſſoumiras 4. ou 5. braſſes, ſeras à la routte, & ſi tu n'aſſommes ſinon vn petit, ſeras deuers Surlingue.

Sçaches que ſi tu ſondes 60. ou 65. braſſes, & ſi tu trouues ſable menu aucunes rouges arreſtes petites, ſeras au parage de Longaneos, & voyras ſi fait clair le mont, & iras en ce parage, & ne t'abaiſſe de 50. braſſes par nuict ou ſarazon.

Sçaches que tenant Surlingue au nord quart de nordeſt, des 80. braſſes, auras à Surlingue 18. l. au fonde pleine d'eſcailles comme de ſaint Iacques, & aucunes pieces de pierres en toute la part de ſurlingue, par merueille trouueras arreſtes, & ainſi ſeras aduiſé.

Sçaches que tenant Surlingue au nord des 75. braſſes, auras à Surlingue 10, ou 12 lieuës, & ſi tu trouues eſcailles menuës & ſable menu meſlé comme mil rouge.

Sçaches que tenant Surlingue au nordeſt quart de nord à 25. braſſes & Oyſſant à l'eſt ſueſt trouueras 68. braſſes au ſonde comme eſcailles de ſaint Iacques allant à l'eſt nordeſt, trouueras 65. braſſes ſable gros.

Sçaches que tenant Surlingue au nordeſt 4. ou 5. l. trouueras 60. braſſes.

Sçaches que tenant Surlingue à l'eſt ſueſt, des 80. braſſes auras à terre 30. lieuës & la ſonde ſale.

Sçaches qu'eſtant à 65. braſſes auras à Surlingue 12. lieuës & ſengal de ſable gros tenant la bache à l'eſt nordeſt.

Sçaches que tenant Surlingue à l'oeſt norroeſt à 14. lieuës & trouueras 60. braſſes ſengal de ſable gros comme arreſtes.

Sçaches que tenant Surlingue au norroeſt, trouueras 60. braſſes allant droit à Surlingue, tu n'aſſoumiras iuſques à ce que tu ſeras prés de luy, & trouueras au ſonde gros comme pierres rouges, & prés de Surlingue y a 50. braſſes.

Sçaches que tenant Surlingue au nordeſt des 60. ou 70. braſſes trouueras ſable gros & menu allant au nord norroeſt, trouueras la bache & la ſonde groſſe & noire, & ſonde en chaſque empollete pour trouuer la bache allant au nord norroeſt, & ne dure cette bache que 2. l. & trouueras deſſus la bache 63. braſſes, & giſt auec Surlingue, la bache eſt oeſt, y a 7. lieues à Surlingue.

Sçaches que ſi tu as paſſé la bache de Surlingue allant au nord

norroeſt, trouueras vn banc de ſable entre ce banc & la bache de
Surlingue & d'Irlande, y a deſſus le banc 60. braſſes.

SCaches que ſi tu es nord & ſu des Iſles de Saltes iuſques à Cabobiezo des 100. braſſes, auras aux Iſles de Saltes 60. lieuës, & de
80. braſſes 45. lieuës, & de 70. braſſes 35. lieuës, & de 60. braſſes
24. lieuës, & de 50. braſſes 12. lieuës, & de 30. braſſes 4. lieuës, abaiſ-
ſeras petit par lieuë vne braſſe & demie, ſeras deuers l'oeſt de Cabobiezo.

Sçaches que ſi tu es nord & ſu de Cabobiezo des 100. braſſes
auras à terre 50. lieuës, & de 80. braſſes 4. lieuës, & de 70. braſſes
30. lieuës, & de 60. braſſes 20. lieuës, & de 50. braſſes 10. lieuës, &
de 40. braſſes 5. lieuës, & de 35. braſſes, auras à terre 4. ou 5.
lieuës.

Sçaches que ſi tu es nord & ſu du cap de Clare, ou de 7. Cha-
ſteaux de 100. braſſes, auras à terre 30. lieuës, & de 80. braſſes 20. l.
& de 70. braſſes 15. lieuës, & de 60. braſſes 9. lieuës, & de 50. braſſes 4. ou 5. lieuës.

Sçaches que ſi tu es au cap de oeſt du cap de Clare iuſqu'à 100.
braſſes, auras à terre 20. lieuës, & de 80. braſſes 10. lieuës, & de 60.
braſſes, auras à terre 4. ou 5. lieuës, allant deſſus viſant 100. à braſſes
10 l. trouueras ſable pietre, auras à terre 22. l.

Sçaches que aucun nauire ne ſe doit baiſſer des Iſles de Saltes à
Cabobiezo par nuiⅽt ou ſarrazon à moins de 25. ou 30. braſſes, le
meſme de Cabobiezo iuſques au cap de Clare, ne t'abaiſſes à moins
de 40. ou 45. braſſes par nuiⅽt ou ſarrazon, & du cap de Clare iuſques auiſant à les Blaſcays, ne t'abaiſſes à moins de 60. braſſes ou
auoir connoiſſance de la terre.

Sçaches que ſi tu es à chercher la coſte d'Irlande au paſſage de
Hiocle

Hiocle,ou de Gatafurde allant chercher la terre,abaisseras par lieuë vne brasse, & si tu es au parage de Cabobiezo de Guicalle , tu abbaisseras par lieuë vne brasse & demie, & si tu es au parage des sept Chasteaux 2. brasses & demie allant chercher Vizen, abaisseras de 3. brasses & demie : cecy s'entend estant à l'entrée du banc allant la voye de nord : ainsi sçauras en quelle part seras.

Sçaches que à la route de Hiocle ou de Gatafurde des 65. brasses iusques aux 45. brasses trouueras basse.

Sçaches que si tu es à Luyando entre Surlingue & cap de Clare, & si sondes 60. brasses tenant Surlingue à l'est suest, auras à Surlingue 10. ou 12. lieuës, & si de ce parage tu vas au nord norroest ou au nordest quart de nord, trouueras 55. brasses & sengal de sable gros noir, & n'ayes peur que tu ayes grand chemin à terre, & si de cette sonde tu es au nord nordest 7. ou 8. lieuës, & sondes 65. brasses & grande basse tiendras à Cabobiezo au norroest prend de l'est, & si de cette sonde tu es à l'oest norroest 3. ou 4. lieuës, & trouues 50. brasses sable net, seras entre Surlingue & Cabobiezo.

Sçaches que si tu es entre Tosquey & cap de Galles auec nuict ou sarrazon ayant reparé,ne t'approches à la terre d'Irláde à moins de 30. ou 35. brasses, deuers Galles à moins de 60. ou 70. brasses, deuers Galles, trouueras 80. ou 90. brasses, & si tu ne peux reparer, & que le vent fust de nordest, va au nord nordest par les 30. ou 40. brasses, iras à l'isle de Man, y a du cap de Galles à l'isle de Man 16. lieuës, & y a au derriere bon posoir, & y a vne bache deuers le su.

S'enfuyuent les trauerses de Sain à Surlingue
& d'Angleterre.

S Caches que gisent Sain & cap de Clare norroest & suest, y a 90. l.
Gisent Surlingue & cap de Clare est suest & oest norroest, y a 50. l.
Gisent Surlingue & Cabobiezo norroest & suest, y a 43. lieuës.
Gisent Surlingue & 7. Chasteaux norroest & suest quart de l'est

oeſt, y a 44. lieuës.

Giſent Surlingue & Coerca norroeſt & ſueſt quart de nord &
ſu, y a 45. lieuës.

Giſent Surlingue & Gataſurde nord & ſu quart de norroeſt &
ſueſt, y a 40. lieuës.

Giſent Longaneos & Gataſurde norroeſt & ſueſt, y a 43. lieuës.

Giſent Longaneos & Cabobiezo norroeſt quart de l'eſt oeſt, y
a 45. lieuës.

Giſent Louday & les Iſles de Saltes eſt ſueſt & oeſt norroeſt, y a
28. lieuës en cette route, garde-toy des Marizalles qui ſont au milieu du chemin deſſus le cap de Miraſurde.

Giſent Louday & Cabobiezo eſt oeſt, y a 50. lieuës.

Giſent Lóganeos & Toſquey, nord & ſu quart de nordeſt & ſueſt.

S'enſuyuent les routes d'Irlande.

SCaches que giſent les Iſles de Saltes & la Tour de Gataſurde, eſt
oeſt quart de norroeſt & ſueſt, y a 4. lieuës, & ſçaches que au ſu
ſurroeſt des Iſles de Saltes à vne lieuë à la mer y a des baches qui
ſont couuertes.

Giſent les Iſles de Saltés & Cabobiezo, nordeſt & ſurroeſt quart
de l'eſt oeſt, y a 24. lieuës.   (20. l.

Giſent la tour de Gataſurde & Cabobiezo, nordeſt & ſurroeſt, y a

Giſent Cabobiezo & cap de Clare, eſt nordeſt & oeſt ſurroeſt, y
a 16. lieuës.

Giſent la rocque Faſtanay & l'entrée de Corcam, norroeſt &
ſurroeſt, y a 2. lieuës.

Giſét ladite rocque auec le cap de Clare nordeſt & ſurroeſt, y a 1. l.

Giſent cap de Clare & cap Mar eſt oeſt prenant de norroeſt &
ſueſt, y a 4. lieuës.

Giſent cap Mar & les Carmellos, eſt ſueſt & oeſt norroeſt, y a 9. l.

Giſent les Carmellos & l'iſle de S. Michel, nord & ſu quart de
norroeſt & ſueſt, y a 4. lieuës.

Gisent les Carmellos & cap Mogo, nord & su quart de nordest & surroest, y a 4. lieuës.

Gisent cap Mar & cap Vizen, est oest, y a 10. lieuës.

Gisent cap Mogo & les Isles de Brasquey, norroest & suest, y a 3. l.

Gisent les Calmes auec la pointe plus auant à la mer de Gransbrasquey nord norroest & surroest, y a 6. lieuës.

Gisent cap Mogo & le grand Calme est oest quart de nordest & surroest, y a 2. lieuës.

Gisent les Calmes auec le Mar de la sonde nord & su, y a 5. lieues.

Gisent les Calmes & Bentri nord & su quart de nordest & surroest, y a 6. lieuës.

Gisent les Brasqueys & le haure Desmeric, nordest & surroest, y a 3. lieues, & gist le haure nord norroest & su suest, & il n'y a requeste sinon ce que tu voyras de l'œil.

Gisét les Brasqueys & cap de Lomeric, nordest & surroest, y a 12. l.

Gisent cap de Lomeric & les Isles Darene qui sont à 7. lieues de Gualbay, nord & su, y a 12. lieues.

Gisent les Brasqueys & cap de Quil, nord & su, y a 38. lieues.

Gisent cap de Quil & les estaches de Brotan, nord nordest & su surroest, y a 9. lieues.

Gisent les estaches de Brotan & cap Telin, est nordest & oest surroest, y a 18. lieues.

Gisent les estaches de Brotan & Calabec, est oest, y a 18. lieues.

Gisent les estaches de Brotan & les Isles Dara, nordest & surroest quart de l'est oest, y a 28. lieues.

Gisent les isles de Telin & l'isle Dara, nord nordest & su surroest, y a 10. lieues.

Gisent l'isle Dara & l'isle de la Tour, nordest & surroest, y a 7. l.

Gisent l'isle de la Tour & la Conegere, nordest & surroest, y a 4. lieues, & gist vn banc à 2. lieues de la Conegeré, au nord quart de norroeſt, y a petite eau.

Giſent le Solij, & l'iſle de la Chambre nord & ſu quart de nordeſt & ſurroeſt, y a 5. lieuës.

Giſét l'iſle de la Chábre & Eſqueris eſt ſueſt & oeſt norroeſt, y a 12. l.

Giſent Eſqueris & Cautaray eſt nordeſt & oeſt ſurroeſt, y a 7. l.

Giſent Cautaray & Genelle nord norroeſt & ſu ſueſt, y a 7. l.

Giſent Genelle & les Complatiues nord norroeſt & ſu ſueſt, y a 7. l.

Giſent les Complatiues & l'iſle de Man norroeſt & ſueſt, y a 13. l.

Giſent l'iſle de Man & Murs de galbe nordeſt & ſurroeſt, y a 10. l. & ſi vous eſtes à l'iſle de Man, approche-toy deuers ababour.

Giſent les Complatiues & Millas nord norroeſt & ſu ſueſt, y a 8. l.

Giſent Millas & Laubay nord & ſu quart de nordeſt & ſurroeſt, y a 21. lieuë, de Millas à Eſtanfort y a 5. lieuës.

Giſent Eſtanfort & Caluiſort nordeſt & ſurroeſt quart de nord & ſu, y a 6. lieuës.

Giſent Caluiſort & Laubay nord & ſu quart de nordeſt & ſueſt, y a 12. lieuës, & giſt vne Iſle à l'entrée de Caluiſort deuers ababour, & giſt à l'entrée eſt ſueſt & oeſt norroeſt, laiſſe le Chaſteau deſti-bour, & poſe de baſſe mér à 5. braſſes.

Giſent Laubay & l'iſle de Man nordeſt & ſurroeſt, y a 21. lieuë.

Giſent Grinalde & Toſquey eſt oeſt prenant de nordeſt & ſur-roeſt, y a 9. lieuës, & ſi tu veux poſer en Grinalde boute le Chaſteau au ſu, & poſe à 6. braſſes.

Giſent Toſquey & les Iſles de Saltes eſt nordeſt & oeſt ſurroeſt, y a 4. lieuës.

Giſent Toſquey & cap d'Argilles nord & ſu quart de nordeſt & ſueſt, y a 36. lieuës.

Giſent Marizalles & Mirafurde eſt oeſt, y a 6. lieuës au cap, & y a le ballent de 3. ou 4. lieuës.

Giſent les Iſles de Gorſume & Mirafurde eſt oeſt, y a 12. lieuës.

S'enſuiuent les marées de la coſte d'Irlande.

SCachés que des Iſles de Saltes iuſques à cap de Clare & Braſquey, & au cap Telin, & à Gualbay, & à Elmeric, & Eſmeric, & Diugle, & ſaint Michel, & Briam, & Corcam, & Valentinor, & Gunçalle, Ocle, Coerca. & Gatafurde, la Lune à l'eſt nordeſt pleine mer.

Sçaches que de l'Iſle Dara iuſques à l'Eſtrecho de Requech, la meſme marée la Lune à l'eſt nordeſt pleine mer, & y courent beaucoup les augaidges.

Sçaches que de l'eſtroit de Requeh iuſques à Duelme, la Lune au ſurroeſt pleine mer.

Sçaches que de Duelme iuſques à ce que tu touches Toſquey, la Lune à l'eſt ſueſt pleine mer, aux Iſles de Saltes, la Lune à l'eſt pleine mer, & en Cantaray, la Lune à l'eſt ſueſt pleine mer.

Sçaches qu'en Genelle & en Buſcaforas, la Lune au nord norroeſt pleine mer, en Doali iuſques à Laubay, la Lune au norroeſt pleine mer, & aux bancs à l'eſt ſueſt.

S'enſuiuent les cours des Iſles de Saltes iuſques au raz de Cautaray.

SCachos que de Cabobiezo iuſques aux Iſles de Saltes vient la marée de ſurroeſt quart de l'oeſt, à la route de l'oeſt ſurroeſt des iſles de Saltes iuſques à Miquelmo vient la marée de ſu ſueſt, & aux bancs meſmes.

Sçaches que de l'Iſle de Laubay par toute la foſſe de Driuge, vient la marée de ſi ſueſt, & la iuſant de nord norroeſt.

Sçaches que dedans la foſſe de Molmes iuſques à la pointe Dargilles vient la marée de ſu ſurroeſt à la pointe Dargilles iuſques au raz de Cautaray vient la marée de nord norroeſt, & la iuſant de ſu ſueſt.

S'enſuiuent les connoiſſances & entrées des ports d'Irlande.

Sçaches que ſi tu veux entrer en Gatafurde, ne t'approches de

la tour, & entreras par le milieu, & si tu entres à Luyando auecques
vent d'aual, approche-toy deuers l'oest & est sec iusques à vn cap
gros qui se nomme mont noir, & pose à 7. brasses & n'entre plus
dedans si de premier n'y as esté, & prens la mer par dedans, & si tu
as d'aller par marques, prens vn clocher deuers le nordest, iras droit
iusques que seras à la chenal qui est entre le sable deuers l'est, & laisse le sable d'ababour & le clocher destibour & va ainsi, & quand seras deuant le village pose à 8. ou 10. brasses deuers l'oest, & compte
la pleine Lune à l'est quart de nordest.

Sçaches que Blanquetin tient le cap de surroest petit à la mer,
& tient deux Isles, & est plus prés du cap & plus basse, & est plus
grande à la mer & ronde & haute, & y a bon poser de suest iusques
au nordest de Blanquetin à Yocle, y a 2. lieuës : Yocle est port de
marée, & y a vne Isle deuers la mer comme l'Isle de sainct Clare.

Sçaches que d'Yocle à Armor y a 2. lieuës, Armor tient vn romo
& vn farrillon, & au cap tient vne bache à vn cable & bon paus dedans à 5. brasses deuant vne maison rompuë, & quand seras au
paus, voyras vn clocher haut, & tiendras à Biglo iusques au suest.

Sçaches que d'Armor à Mongarbay y a 3. lieuës, Mongarbay
tient vn cap romo, & y a vn grand farrillon & vn petit au cap de
l'oest, tient vne bache à l'est nordest des farrillons, & au cap y a deux
baches à vne portée d'artillerie, & entre le cap & les farrillons y a
bon pasaige au paus, & auras de basse mer 4. brasses, & auras à Biglo de nordest iusques au surroest.

Sçaches que si tu veux entrer en Moerea, serre-toy à la terre de
l'est, & voyras Armor à la terre destibour par vne bache qui est au
milieu de l'entrée, & gist vn banc qu'il n'y a de basse mer sinon vne
brasse & demie, à la chenal de l'est trouueras 10. ou 12. brasses, &
dedans trouueras 20. brasses, & quand seras là seras dedans, &
tiendras deuers l'oest vn banc & vne terre au nord, & iras droit à

elle iusques à ce que tu seras prés d'elle, & leue la sonde d'ababour
par les 4. ou 5. brasses par vn banc qui gist d'ababour, depuis iras
à la chenal de l'oest, & pose là où te plaira.

Sçachés que si tu veux aller à Guicalle, iras de Cabobiezo au
nord, & quand seras tant auant comme l'entrée, voyras comme vn
Chasteau deuers l'est nordest, & laisse le Chasteau destibour, à l'entrée du port y a vne bache, & deuers l'est nordest y a des Isles, &
celle d'auprés de la terre est petite, & quand tu tiendras l'Isle petite auec la pointe, seras à trauers de la bache, & depuis qu'auras doublé la bache, serre-toy deuers Stibour & pose deuãt le Chasteau à 6.
ou 7. brasses, & gist le Carreyo nord & su quart de norroest & suest.

Sçaches que de Cabobiezo à Artunelage y a vne lieuë, & ne t'approches à la terre de l'est pource qu'il y a des baches, & iras droit
au cap de l'oest, & voyras vne bache que descouure de tout pleine
mer, & y a vn aiuste du cap de suest, la bache est seure & ne tient requeste nulle & voyras Armori à la pointe de demy cable, & pose à
la sabliere qui est ioincte auec la pointe de su, & pose à 7. ou 8. brasses, ce port est couuert sinon de surroest iusques à l'oest surroest.

Sçaches que d'Artunelage à Condor y a 5. lieuës, Condor est
entre Ros & port Ventura, & tient au surroest du port vne Isle non
pas tant grande comme là de Bristol, & tient à l'entrée du port, y
a vne Isle non pas tant grande, & dehors des deux pointes à celle de
l'Isle y a 12. ou 14. brasses, & si tu vas par marques deuant que tu ne
sois à la pointe, dessus voyras vn assier & iras droit à luy: car tout
est seur, & iras joint à Clasier pource qu'il y a des baches couuertes
de toutes parts, & pose à 10. ou 11. brasses en ce port deuers l'est de
l'Isle, sinon deuers l'oest, & ce port tient dessus la pointe de l'est
vne tour en cecy te pourras aduiser.

Sçaches que de Condor à port Ventura y a vne lieuë, & venant
deuers les 7. Chasteaux seble que tu sois à l'entrée deuers le norroest

parce qu'il semble à Cort, & celuy qui semble à Cort, laisse-le deuers
Ababour ioint auec le cap de l'entrée de suest, y a vne Isle & laisse
la d'Ababour, donnant Amor auec les deux parts de l'entrée, approche toy deuers l'est par vne bache qui est dedans l'Isle à vn cable
& pose deuers l'est, & gist l'entrée de nord norroest & su suest, & est
comme l'entrée de saint Sebastian.

Sçaches que du port de Ventura à 7. Chasteaux, y a vne lieuë
& demie, & des 7. Chasteaux parroissent les 5. voilles, & les 2. ne
paroissent point, car sont plus bas, & sortent deuers le nord à demy lieuë, & gisent les 7. chasteaux & port Ventura nordest & surroest, prenant de l'est oest.

Sçaches que Valentinon est 3. lieues au nordest du cap de Clare,
& si tu voulois entrer dans Valentinon quand tu seras tant auant
auec l'entrée voyras le Chasteau, & gist l'entrée nord & su quart de
norroest & suest, à l'entrée y a vne bache à trauers à de la pointe de
l'est & gist à vn tiers de chenal deuers l'est, serre deuers l'oest deuát
le Chasteau, à 6. ou 7. brasses.

Sçaches qu'au surroest du cap de Clare iusques à la rocque Fastanay, gist l'entrée de Corcam nord norroest, & su suest à 2. lieuës,
Corcam est bon port.

Sçaches que si tu voulois connoistre Drosey es Isles venant de
la mer, voyras au su à trauers 2. montagnes grandes deuers l'est &
ne voyras aucune terre sauue le cap de Clare 3. lieuës deuers l'est de
Vizen & Brian, & venant de la mer voyras vne grande montagne
& deuers l'est suest y a 2. barres à l'entrée de Brian, & voyras vn
Chasteau blanc, & deuers l'oest de l'entrée y a vne bache à trauers
de 2. farillons, & gist l'entrée de nord nordest, & su surroest.

Sçaches que allant du cap de l'oest au cap de Clare, voiras 2. ou
3. monts hauts ronds qui semblent Isles, & semblent le cap de Clare
de la mer en dehors, & y a vn mot rod & toute la terre du nord & se
fait basse sauue les montagnes, ainsi connoistras les terres, &
voyras

voyras les 7. Chasteaux , & basse se fait comme vne Isle , & y a vn
Chasteau ou deux plus bas que Cabobiezo, & à vn tiers d'vne lieuë
à la mer y a vne bache.

Sçaches que si tu es entre Cabobiezo & les 7. Chasteaux, voyras
dessus Cabobiezo vne montagne ronde & plus à l'oest, & vne autre
montagne à la maniere d'vne gallere plus haute & plus longue que
l'autre , & voyras deuers l'oest vn mont court au milieu comme de
Cabobiezo se fait basse & ronde , allant au su toute la terre se fait
basse dessus Cabobiezo , & voyras vn Chasteau deuers l'est , & ne
voyras autre montagne iusques à Yocle de dessus les 7. Chasteaux,
y a vne grand montagne doublée plus haute que non pas les autres
deuers l'oest.

Sçaches que Coerca est 5. lieuës de Cabobiezo , & deuers l'oest
de l'entrée de Coerca voyras vn beau cap & basse à la riuiere , &
toute la terre & planiere deuers le nordest se fait vn haure plus au
nordest du haure , & voyras l'alte de Mongarbay au pied de l'alte
deuers surroest est, Ocla & Yocle sont ports de marée.

Sçaches que dessus Yocle voyras vne grande montagne non tant
haute comme celle de Mongarbay, & cette montagne tient 6. pillos
agus , & quand tiendras ce puys au nord nordest, tiendras l'entrée
d'Yocle au nord norroest , aussi cognoistras deuers l'oest d'Yocle,
y a vne autre Isle & vne sabliere , mais elle n'est pas tant grande
comme la d'Yocle, & deuers l'est nordest y a vn beau cap.

Sçaches que Mongarbay est vn mont , & n'y a en toute la coste
tant haute deuers le norroest , & se fait plus basse , & tient vn pied
deuers l'est suest, & y a de Mongarbay à Gatafurde 7. lieuës.

Sçaches que Gatafurde tient vne Tour haute deuers l'est comme
la Tour de la Crime , de l'est suest sont les Isles de Saltes , & sont
deux Isles, & deuers l'oest est plus au su des Isles à vne lieuë , y a des
baches mauuaises , & sont couuertes, & deuers l'oest de l'entrée

M

de Gatafurdé voyras deux beaux caps, & de grands monts, mais non pas tant grands comme l'alte de Mongarbay, ainſi cognoiſtras les terres tout au long.

SCaches que giſent les Iſles de Saltes & Toſquey eſt nordeſt & oeſt ſurroeſt, y a 4. lieuës.

Sçaches que giſent Toſquey & l'Iſle de Baldreſi nordeſt & ſurroeſt, y a 38. lieuës.

Sçaches que giſent Toſquey & Grigallo nord nordeſt & ſu ſurroeſt prenant de nord & ſu, & y a 20. lieuës. Toſquey eſt vne Iſle comme Centol.

Sçaches qu'il y a vn banc de Toſquey iuſques à Duelme, & n'y a point d'entrée par où l'on puiſſe entrer ſauue de terre de Toſquey, & iras iuſques au cap de Grigallo, & y a de Toſquey au cap de Grigallo 20. lieuës.

Sçaches que ſi tu veux entrer par terre de Toſquey allant de terre du banc, prens la ſonde d'ababour, & va par les 7. ou 8. braſſes iuſques à ce que tu trouues vne terre derrochée qui ſe fait comme trancque à la riuiere de la mer, & cette trancque à l'oeſt norroeſt de l'Iſle de Toſquey au ſu, & auras à Toſquey deux lieuës & demie, & de là iras deſſus la terre derrochée, & leue la ſonde d'ababour par les 7. ou 8. braſſes, iuſques à ce que tu ſois à 5. ou 6. braſſes, alors iras au nord eſpert, & trouueras dauantage d'eau, prens de nordeſt, & quand tu trouueras 9. ou 10. braſſes tu iras au nord, & ainſi iras au cap de Grigallo, ainſi paſſeras de terre du banc à demy lieuë, la voyras rompuë à ſtibour.

Sçaches qu'il y a vn banc à vn quart de lieuë à la mer, le voyras rompu, & laiſſe-le d'ababour, & depuis double le cap de Grigal-

lo, & iras au long de la terre d'ababour, & iras au nord norroest
chercher Alquey, y a vne Eglise, & pour poser entre l'Isle & le Certam, pose à 10. ou 12. brasses, prend la mer pour entrer en Duelme, & y a du cap de Grigallo à Alquey 8. ou 9. lieuës.

Sçaches que depuis que tu auras passé Alquey, y a vne terre haute qui semble Isle entre Alquey, & cette terre est l'entrée de Duelme au cap de nord, y a bon paus de suest iusques au norroest, & si
tu voulois poser quand tu auras doublé le cap, va dedans iusqu'à ce
que tu sois à trauers du village ou à trauers du cay, pose à 8. ou 9.
brasses, & si tu es à poser à trauers du cay, pose à 5. ou 6. brasses,
compte la pleine mer la Lune au suest quart de su.

Sçaches que les Isles de S. Pierre sont entre Ordre & Laubay,
sont deux Isles petites & y a bon poser, & si tu voulois poser, pose
au cap à 10. ou 12. brasses.

Sçaches que l'Isle de Laubay est vne Isle haute & belle, & tient
bon par toutes parts, & pour poser pose deuers terre pour ce qu'il
n'y a courant deuers la mer ny deuers terre, & y a vne bache, & ne
laisse de passer de terre pour entrer dans l'Isle, & pose là où te plaira ou plus ou moins, compte la pleine mer la Lune au su suest, & de
terre de cette Isle y à port de marée, & les nauires demeurent
à sec.

Sçaches que si tu veux entrer par marque, descouure le chasteau de Grigallo qui est au cap de nord, & y a vne Eglise, & leue la
descouuerte au cors d'vne voile l'Eglise deuers le nord, & le chasteau deuers le su, gisent à l'oest norroest, va en ceste marque par
toutes parts, & leue la sonde par les 8. ou 9. brasses, & si tu voulois
poser en Grigallo, pose à trauers du chasteau à 7. brasses.

Sçaches que si tu ne pouuois entrer par terre de Tosquey, iras
chercher Grigallo par le nord nordest, ainsi gist le carreyo & leue
la sonde trouuant 18. ou 19. brasses, prend de nordest & va cher-

M ij

cher les vingt-cinq braſſes pour te garder du banc, ne t'approches point à moins, iuſques à ce que tu tiendras vn mont à l'oeſt norroeſt, & pourras aller par marée & par iuſant norroeſt & par nord nordeſt.

Sçaches que ſi tu pars de Guiçalle, & ſi eſt marée, iras au ſueſt quart de l'eſt, & ſi eſt iuſant à l'eſt ſueſt, ainſi iras par le milieu de l'entrée du banc iuſques à vingt-cinq braſſes, alors ſeras dehors du banc, & leue pour marque comme dit eſt deſſus l'Egliſe dehors du Chaſteau au cor d'vne voille de nauire, iuſques à ce que tu ſois à vingt-cinq braſſes, & depuis que tu ſeras là, iras au ſu ſurroeſt iuſques à Toſquey, & de Toſquey iras aux Iſles de Saltes, iras à l'oeſt ſurroeſt, & de là prend de route quand ſeras dehors de la manche de ſainct George.

S'enſuyuent les trauerſes des Iſles de Saltes iuſques à Olier,
à Chiſtre & Beaulmares.

Sçaches que giſent les Iſles de Saltes & cap d'Olier nordeſt & ſurroeſt quart de nord & ſu, y a 50. lieuës.

Giſent Olier & les deux Iſles qui ſont au cap de Galles nord nordeſt & ſu ſurroeſt prenant de nord & ſu, y a 35. lieuës.

Giſent les deux Iſles à la mer à cinq lieuës du cap de Galles, & la plus prés de terre eſt plus grande & ronde, & l'autre ſemble vn nauire: ces Iſles & Gorſume giſent eſt oeſt entre elles, & y a bon paſſaige laiſſant à Gorſume deuers la mer, & les autres Iſles deuers Galles par la manche de ſainct George.

Giſent Eſclamen & l'Iſle de Garmanſey nord & ſu, y a quatre lieuës.

Item tu dois ſçauoir qu'entre les Iſles de Saltes, l'aiſle de Permerſin, qui ſont au cap de Saudabij eſt ſueſt & oeſt norroeſt, y a 24. lieuës.

Gisent Baldresi & l'isle de Carmansey nordest & surroest, y a 18.
lieuës à Baldresi, tient pour cognoissance deux Isles dehors du cap,
& y a bon palaige entre elles, & tient vn mont à l'entrée, y a vne Isle
y a bon palaige par dedans, & si tu passes par dehors garde-toy
d'vne bache qui iette à l'Isle à vn cable, depuis que tu passes pou-
ras poser à 10. brasses.

Item tu dois sçauoir que de Baldresi à l'entrée de Carabane y a
4. lieuës, gist ceste coste nord nordest & su surroest du mont, qui
est à trauers de Carabane, y a Holier 6. lieuës, & gist le mont &
cap d'Holier norroest & surest quart de nord & su, & le cap d'Holier
se fait comme le cap de Toro, y a dessus vn espillon, & y a vne Isle aupres de su surroest, la terre de l'entrée de Carabane iusques à Holier, & est la terre raze, Holier se fait de loing comme à costes d'Isle.

Gisent les Isles de Baldresi & cap d'Holier nord & su, y a 12. lieuës,
en cette entrée de Carabane y a des monts qui sont à l'entour de
dedans Carabane iusques à Beaulmares, & entre Scilice oeil, & autre
oeil, item le cap d'Holier est tout salin, y a par dessus bon posbir, le
clocher à l'oest surroest, & la pointe de l'oest norroest quart de nord,
tiendras à Biglo à l'oest norroest iusques au nordest, venant d'Holier, & garde-toy d'vne bache qui est couuerte, & est mauuaise.

Gisent Holier & l'Isle de Cory nord & su quart de nordest &
surroest, y a 2. lieuës, & se fait l'Isle comme vn picsarrat, de cette Isle
à l'hermite y a 6. lieuës, & y a bon paus par toutes parts, & gisent
est nordest & oest surroest.

Gisent le cap de l'hermite & l'isle de Beaulmares norroest & suest
quart de l'est oest, y a 4. lieuës à l'entrée de la pointe de Beaulmares, l'Isle iette dehors à la pointe, & y a vne bache haute qui paroist, depuis d'vn quart de rusant deuers le sortant iette les pointes, & si tu y voulois entrer as de tenir descouuert le cap du suest
longueur d'vn alazabre iusques que tu passes la premiere pointe

M iij

du Certan, & ferre-toy deuers ftibour à la mefme fonde, & ne vas
deffus la chenal pource qu'il y a des baches.

Item tu dois fçauoir que de l'ifle de Beaulmares à Goyene y a 2.
lieuës, gifent nordeft & furroeft, la Goyene eft terre haute & fem-
ble vne Ifle, & tiendras Abiglo de fueft iufques à l'oeft, & pofe à 5.
braffes, mais elle n'eft pas nette, & deuant l'hermite eft nette.

Item tu dois fçauoir que de Beaulmares à Chiftre leue la Goyene
par ce cap qui eft à vne lieuë, plus leue Chiftre defcouuert longueur
d'vne gallere, quand feras à l'entrée de la barre, voyras des Châ-
fteaux, & quand feront en vn, feras au plus eftroit gifent la Goyene & la pointe de port menu eft oeft, y a 8. lieuës.

pres du furroeft, la terre de l'entrée de Catabatz iufques à Holier, & eft la terre raxe. Prouue-t'à de loing comme à coftes d'Ilie.
Cifent les Ifles de l'Ilie du cap l'Oxier nord & fu, y a 12. lieuës.

S'enfuyuent les cours au-long de la cofte de Galles
iufques à Scoffie.

S Caches que de Caldey iufques à Sclauien vient la marée de norroeft, & entre Sclauien & Guolfumi vient la marée de fu, par
route la foffe de la cofte de Galle de Marizalles iufques à Holier
vient la marée de fu, prend la route de furroeft.

Item tu dois fçauoir que d'Holier iufques à l'Ifle de Man, vient
la marée de furroeft au long de l'Ifle de Man iufques dedans les deux
pars de l'Ifle, & vient la marée de fu furroeft.

Item tu dois fçauoir qu'à l'Ifle de Man & Scofie, vient la marée
de l'oeft, à la cofte d'Efcoffie iufques au mont Calbij, vient la marée de l'oeft furroeft.

Item de mont Calbij iufques à la pointe de Floceftan, vient la
marée de nord norroeft.

Item de la pointe de Floceftan iufques à Caur, vient la marée
de fu furroeft, & dehors l'ifle d'Alfey, vient la marée de fu quart de
furroeft.

S'ensuyuent les lieuës des Isles de Saltes iusques au cap de Quil.

Caches que de Saltes à Gatafurde y a 4. lieuës.
De Gatafurde à Yocle. 10. lieuës.
De Yocle à Cabobiezo. 10. lieuës.
De Cabobiezo à port Venture. 6. lieuës.
De port Venture aux 7. Chasteaux. 1. lieuës.
Des 7. Chasteaux à Valentinor. 5. lieuës.
De Valentinor à cap de Clare. 3. lieuës.
De Corcam à la rocque Fastanay. 2. lieuës.
De cap de Clare à cap Mar. 4. lieuës.
De cap Mar à cap Vizen. 10. lieuës.
De cap Vizen aux Calmes. 7. lieuës.
Des Calmes à Duigle. 8. lieuës.
Des Calmes aux Brasqueys. 6. lieuës.
Des Carmellos à l'Isle de Roqueh. 7. lieuës.
Des Brasqueys au haure d'Esmeric. 3. lieuës.
Des Brasqueys au cap d'Esmeric. 13. lieuës.
D'Esmeric aux Isles d'Arene. 12. lieuës.
De Brasquey à l'Isle Dara. 20. lieuës.
De Brasquey à cap de Quil. 43. lieuës.

S'ensuyuent les degrez d'Espagne & Portugal.

Cap d'Esparcel.	36 ½
Cap de sainct Vincent.	37
Cap d'Espichis.	38 ¾
Sainct Iuar.	39
La Berlingue.	40
L'alta de Mondego.	40 ½
Port Portugal.	41 ½
Les Isles de Bayonne.	42 ½
Cap de Finisterres.	43 ¾

Degrez de France.

Bayone,	44
Arcquasson,	45
Les Asnes de Bordeaux,	46
Cap des Ballennes,	46 $\frac{3}{4}$
L'Isle Dieu,	47
Belisle,	48 $\frac{1}{2}$
Sain,	48
Surlingue & Alisart,	49 $\frac{1}{2}$
Louday,	50
Les Isles de Saltes,	51 $\frac{1}{2}$
Cabobiezo,	52 $\frac{1}{2}$
Cap Mar & cap de Clare,	52 $\frac{1}{2}$
Les Calmes,	53
Les Brasqueys,	53 $\frac{1}{4}$
L'Isle d'Arenas,	54
Cap d'Allenne,	54 $\frac{1}{4}$
Cap de Quil,	55
Cap Telin,	56 $\frac{1}{2}$
L'Isle Dara,	57
Les Isles de Torren,	57 $\frac{1}{4}$

Degrez de Terre-neufue.

Cap de Breton,	45 $\frac{1}{2}$
Les Isles de sainct Pierre,	46
Cap de Ras,	46 $\frac{1}{2}$
Vrmiche,	46 $\frac{2}{3}$
Les Isles Despere,	47 $\frac{1}{4}$
Cap Despere,	47 $\frac{1}{2}$

Cap de Concension,	48 $\frac{1}{2}$
L'Isle de Bacalan,	48
Cap de Bonne viste,	49
Les Isles de fray Loys,	49 $\frac{1}{2}$
L'Isle de Fogo,	49 $\frac{3}{4}$
Les Isles de Corques,	49 $\frac{2}{4}$
L'Isle Duc,	50 $\frac{3}{1}$
Cap de S. Iean,	50 $\frac{4}{1}$
L'Isle de Chibaux,	50 $\frac{3}{1}$
Groye Belisles,	50 $\frac{1}{2}$
L'haure de S. Iulien,	51 $\frac{1}{4}$
Cap de Grat,	52 $\frac{1}{2}$
Belisle qui est au milieu de la Baye,	52 $\frac{1}{4}$
Chasteau & Croix blanche,	53 $\frac{1}{2}$

S'ensuyuent les routes, lieuës, sondes, entrées, cognoissances des ports
de Terre-neufue, ainsi qu'il appartient sçauoir à vn chacun Pillote
qui va sur la mer, pour se garder des lieux dangereux.

S Cachés que le cap de Breton & les Isles de S. Pierre gisent est
oest quart de norroest & suest, y a 45. lieuës.

Gisent cap de Breton & l'Isle de Sable nord norroest & su suest,
y a 30. lieuës.

Gisent cap de Breton & le pertuis de Micqueton est oest, y a 42. l.

Gisent cap de Breton & l'haure de Martyres est nordest & oest
surroest, y a 40. lieuës : mais en cette route ne t'approches point de
2. lieuës à terre, pour cause, car il y a des baches au long de la coste.

Gisent le Colombeire de S. Pierre & le pertuis de Micquellon
nord norroest & su suest, y a 7. lieuës.

Gisent les Isles de S. Pierre & port de Belin est oest quart de
nordest & surroest, y a 6. lieuës.

N

Gifent port de Belin & S. Laurés, eft fueft & oeft norroeft, y a 6. l.

Gifent les Ifles de S. Pierre & cap de faincte Marie eft oeft quart de norroeft & fueft, y a 32. lieues, & prendras en cette route plus de norroeft & fueft.

Gifét cap de S Marie & Plaiféce nord nordeft & fu furroeft, y a 9 l.

Item tu dois fçauoir que quand tu iras du cap de faincte Marie en cette route de nord nordeft, tu trouueras vne pointe longue qui fe nomme Amigaiz, de là à Plaifence y a 4. lieues, & du cap de faincte Marie 5. lieues, apres que tu auras paffé ledit Amigaiz, tu trouueras Plaifence, la premiere baye deuers ftibour.

Item tu dois fçauoir que des requeftes de Plaifence, y a 4. Ifles au milieu du chemin entre la poincte d'Amigaiz & Plaifence, & lefdites Ifles font demy lieuë, & 2. lieues de Plaifence, & entre lefdites Ifles, & entre Plaifence y a vne bache couuerte qui eft fort mauuaife, car il n'y a que deux braffes & demie d'eau, & ladite bache eft vne demie lieuë de la pointe de Plaifence, & gift ladite bache eft nordeft & oeft furroeft.

Gifent haure de Martires & Plaifence eft oeft quart de norroeft & fueft, y a 16. lieuës.

Gifent S. Laurens & les baches de faincte Marie norroed & fueft quart de nord & fu, y a 20. lieuës.

Gifent la montagne qui eft à l'entrée de S. Laurens, & le cap de faincte Marie norroeft & fueft, y a 15. lieuës.

Gifent cap de faincte Marie, & les baches de faincte Marie nordeft & furroeft quart de l'eft oeft, y a 2. lieues.

Gifent cap de faincte Marie & port de Perche nord nordeft & fu furroeft, y a 2. lieuës.

Gifent cap de faincte Marie & cap de Ras norroeft & fueft quart de l'eft oeft, y a 19. lieuës.

Gifent cap de faincte Marie & cap de Pene norroeft & fueft quart de l'eſt oeſt, y a 12. lieuës.

Giſent cap de Ras & cap de Pene eſt oeſt quart de norroeſt & ſueſt, y a 9. lieuës.

Item tu dois ſçauoir que ſi tu es deux lieuës à la mer ſus le cap de Ras allant à oeſt norroeſt, tu iras querir les Iſles de S. Pierre en route de 42. lieuës.

Giſent cap de Pene & port de Treſpache nordeſt & ſurroeſt, y a 3. l.

Item tu dois ſçauoir que depuis du cap de Ras iuſques aux Iſles de S. Pierre, & de là iuſques à cap de Breton, la coſte giſt eſt ſueſt & oeſt norroeſt, y a du cap de Ras à cap de Breton 87. lieuës.

S'enſuiuent les routes pour la coſte de nordeſt & ſurroeſt entre cap de Ras & Bacallan, dure la coſte 32. lieuës.

Sçaches que le cap de Ras & les baches de cap de Ras giſent nord norroeſt & ſu ſueſt, y a 35. lieuës.

Giſent cap de Ras & Bacallan nordeſt & ſurroeſt quart de nord & ſu, y a 32. lieuës.

Giſent cap de Ras & cap Deſpere nord & ſu quart de nordeſt & ſurroeſt, y a 18. lieuës.

Giſent cap Deſpere & Bacallá nord & ſu quart de norroeſt, y a 14. l.

Giſent cap de Bonneviſte & Bacallan, nord & ſu, y a 12. lieuës.

Giſent Bacallan & port de ſaincte Catherine norroeſt & ſueſt quart de nord & ſu, y a 9. lieues.

Giſent Bacallan & l'Iſle de Pinguin nord & ſu quart de nordeſt & ſurroeſt, y a 32. lieues.

Giſent cap de Bonne viſte & l'Iſle de Pinguin nord nordeſt & ſu ſurroeſt, y a 18. lieues.

Giſent Bacallan & cap de Concenſion nord & ſu quart de nordeſt & ſurroeſt, y a 8. lieuës.

Giſent Bacallan & Peyrucan, norroeſt & ſueſt, y a 4. lieues.

Giſent Bacallan & port de S. Iean de nordeſt ſueſt & oeſt norroeſt, y a 7. lieues.

*S'enfuiuent les routes pour la coste de nord norroest & su suest, du cap de
Bonne viste, à les Isles de Fogo ; dure la coste 35. lieuës.*

SCaches que le cap de Bonne viste & les Isles de Corques gisent
nord & su quart de norroest & suest, y a 14. lieuës.

Gisent les Isles de Corques & les Isles de saincte Barbe nord norroest & su suest, y a 15. lieuës.

Gisent les Isles de saincte Barbe & les Isles de Fogo nord & su
quart de norroest & suest, y a 7. lieuës.

Gisent les Isles de Fogo & l'Isle de Pingim est suest & oest norroest, y a 12. lieuës.

Gisent l'Isle de Pingim & Groye Belisles norroest & suest quart
de nord & su, & tu prendras plus de nord & su, & y a 32. lieuës.

Gisent l'Isle de Pingim & cap de Grat nord norroest & su suest,
y a 45. lieuës, & sçaches ; car à ladite route tu iras 2. lieuës dehors de
cap de Grat.

Gisent l'Isle de Corques & l'Isle de Pingim nordest & surroest
quart de nord & su, y a 14. lieuës.

Item tu dois sçauoir : car si tu voulois aller des Isles de Corques
à Isles de Fogo, tu dois aller 9. lieuës au nord, & autres 9. lieuës au
nord quart de norroest, y a 18. lieuës.

*S'enfuiuent les routes pour la coste de nord & su depuis les Isles de Fogo
iusques à Groye Belisles, en route de 24. lieuës.*

SCaches que les Isles de Fogo, Groye Belisles gisent nord & su, y a
24. lieuës.

Gisent les Isles de Fogo & cap de sainct Iean norroest & suest &
prend vn petit de l'est oest, y a 12. lieuës.

Gisent cap de S. Iean & l'Isle de Pingim norroest & suest quart
de l'est oest, y a 20. lieuës.

Giſent cap de S. Iean, Groye Beliſles nord nordeſt & ſu ſurroeſt, y a 14. lieuës.

Giſent cap de S. Iean, & les Iſles de Chibau nord & ſu quart dé norroeſt & ſueſt, y a 5. lieuës, & y a des baches ſur les Iſles de Chibau demy lieuë de la terre deuers l'eſt.

Giſét les Iſles de Chibau, Groye Beliſles, nordeſt & ſurroeſt, y a 9. l.

Giſent les Iſles de Chibau, & l'Iſle qui eſt ſur le cap de S. Iean deuers l'eſt du cap de nord norroeſt & ſu ſueſt, y a 6. lieues.

Giſent cap de S. Iean, & port de Flordelis norroeſt & ſueſt quart de l'eſt oeſt, y a 6. lieues.

Giſent cap de S. Iean & port de Sege eſt oeſt quart de nordeſt & ſurroeſt, y a vne lieue.

Giſent cap de S. Iean & port de Bacque eſt oeſt quart de norroeſt & ſueſt, y a 3. lieues.

Giſent port de Sege & les Iſles de Chibau, nord & ſu quart de nordeſt & ſurroeſt, y a 5. lieues.

Giſent port de Sege & port de Flordelis norroeſt & ſueſt, & tu prendras vn petit de nord & ſu, y a 5. lieues.

Giſent port de Flordelis & haure d'Orenge nord nordeſt & ſu ſurroeſt, y a 5. lieues.

Giſent cap de S. Iean & Capenruge nord & ſu quart de nordeſt & ſurroeſt, y a 16. lieues.

Giſét Groye Beliſles & Capéruge, eſt ſueſt & oeſt norroeſt, ya 4. l.

Giſent Groye Beliſles & cap de Grat nord nordeſt & ſu ſurroeſt, y a 14. lieues.

Giſent cap de ſu de Beliſles & le port de S. Iulien nord & ſu quart de nordeſt & ſurroeſt, y a 8. lieues.

S'enſuiuent les lieuës depuis Capenruge iuſques à cap de Grat, la coſte giſt eſt nordeſt & oeſt ſurroeſt, y a 14. lieuës.

Sçaches qu'à ladite coſte entre Capenruge & cap de Grat il y a 11.

ports , lefquels ils font tous bons pour les nauires, & n'y a point de
requeftes en entrant aux ports qui feront nommez à prefent.
   Premierement de Capenruge au haure du petit Maiftre,3.lieuës.
Du haure du petit Maiftre à S.Iulien,y a   2.lieuës.
De S. Iulien aux Ifles de Pecoz,   2.lieuës,
De S. Iulien à la groffe montagne,   3.lieuës.
De la groffe montagne à la Granelerie,   vne lieuë.
De la Granelerie au port de Saubu,   2.lieuës.
Du port de Saubu à Cheine,   vne lieuë.
De Cheine à cap Blanc.   vne lieuë.
Et fçaches qu'il y a vne bache à deux tiers d'vne lieuë fur le port de
Cheine, & gift eft fueft & oeft norroeft.
De cap Blanc à Bayedroget,   vne lieuë.
De Bayedroget à Carbon,   vne lieuë.
De Carbon à cap de Grat, y a vne lieue , & fçaches que tu n'as
point de danger entre lefdits ports nommez à prefent,finon à cap
de Grat, il y a deux entrées, l'vne gift nord norroeft & fu fueft, &
l'autre nordeft & furroeft : car il y a vne bache au milieu de l'entrée
& garde's-toy d'elle, & arranges-toy deuers ce bord ou ababour.

   Item tu dois fçauoir que l'autre entrée du cap de Grat qui eft
nord norroeft & fu fueft, il y a vne bache plate depuis que tu es entré dedans deuers furroeft, en entrant va tout droit à la grande
Ifle dedans le port mefme, & arrenges-toy à la petite Ifle qui eft deuers ftibour.

S'enfuyuent les routes du cap de Grat iufques à toutes Ifles de grand
baye, toute la baye gift eft oeft.

SCaches que du cap de Grat iufques à Beaulfanim , y a 30. lieues,
& quand tu voudrois aller du cap de Grat à Beaulfanim,va à oeft
quart de norroeft , & quand tu voudrois fortir dehors vien à l'oeft
quart de nordeft,pour amour des marées & curraiz qui font dedans

en route de 30. lieuës.

Giſent cap de Grat & Chaſteau norroeſt & ſueſt quart de nord & ſu, y a 10. lieuës.

Giſent cap de Grat & baye de Sacute, eſt oeſt quart de nordeſt & ſurroeſt, y a 4. lieuës.

Giſent cap de Grat & Pointe baſſe eſt oeſt, y a 7. lieuës.

Giſent cap de Grat & Boytus norroeſt & ſueſt quart de l'eſt oeſt y a 16. lieuës.

Giſét Chaſteau & Beliſle norroeſt & ſueſt quart de l'eſt oeſt, ya 5. l

Giſent cap de Grat & Beliſle qui eſt au milieu de la baye nord & ſu prenant de nordeſt ſurroeſt, y a 7. lieuës.

Giſent Pointe baſſe & Boytus norroeſt & ſueſt, y a 10. lieuës

Giſent Pointe baſſe & Chaſteau nord nordeſt & ſu ſurroeſt, y a 8. lieuës, & y a vne bache couuerte à l'entrée du Chaſteau deuers Ababour, vien prés de la petite Iſle.

Giſent Chaſteau & Boytus eſt oeſt quart de nordeſt & ſurroeſt, y a 12. lieuës, & entre Chaſteau & Boytus il n'y a point de ports pour demeurer des nauires, ſinon vne pointe qui eſt au milieu du chemin laquelle ne vaut rien pour les nauires: car c'eſt mauuais lieu, & ſçaches que tu ne trouueras point de ports iuſques à Boytus, & trouueras à Boytus vne bache couuerte qui eſt fort mauuaiſe & dangereuſe, & giſt norroeſt & ſueſt quart de l'eſt oeſt, de la grande Iſle de Boytus, & deuers la mer de l'Iſle de Flors à vn traict de bombarde, tu pourras bien paſſer deuers la terre d'elle, ſi tu viens au long de la terre du Chaſteau deuers oeſt.

Item de Boytus à port de Ballenne, y a vne lieuë, & à Boytus ſur la pointe d'oeſt, y a vne bache couuerte aucune fois, & tu pourrois bien paſſer deuers la terre d'elle, & gardes-toy de la bache.

Item du port de Ballenne iuſques à Furx, y a trois lieuës, & ſçaches qu'il y a deux grandes Iſles allant de Furx à trauers de l'Iſle qui

104

eſt deuers oeſt.

Item de Furx à Samadeg, y a 2. lieuës petites, & de Samadeg à de l'eau forte là où demeurent les nauires, & y a 2. lieuës petites.

Item de l'eau forte iuſques à Beaulſablom, y a 3. lieuës, & ſçaches qu'il y a vne baye entre les deux & fort mauuais lieu, car la mer rompt tout dehors quand le vent eſt ſurroeſt, il y a de Beaulſanim iuſques à la baye vne lieuë petite.

Item aupres de Beaulſanim deuers eſt nordeſt à trauers de petites Iſles ſont deux baches couuertes qui ſont dangereuſes, & pour ſe garder quand on viendra à Beaulſanim, quand tu ſeras à trauers du ſable, de premier faites enuoyer deuers oeſt, alors n'auras danger de rien.

Giſent Beaulſanim & l'Iſle Danſer eſt nordeſt & oeſt ſurroeſt, y a vne lieuë.

Giſent Iſle Danſer & Breſt norroeſt & ſueſt quart de l'eſt oeſt, y a 6. lieuës.

Item tu dois ſçauoir que de Beaulſanim aux Iſles y a 2. lieuës, & ſi tu voulois aller de Beaulſanim aux Iſles auec le nauire, garde-toy de la pointe prime, car au deſſus d'elle la mer rompt vne terre d'vne lieuë, & ne t'approches point iuſques à tant que tu l'auras paſſé bien auant deuers oeſt, & t'arangeras fort à l'iſle Danſer, & n'ayes point peur de pointe prime, & aupres l'aiſle Danſer, prés des Iſles y a entre elles vne bache au milieu de la baye & eſt couuerte, & ſi tu ne frappes n'auras danger de rien.

Item des Iſles iuſques à Droget y a 2. lieuës, & y a des baches fort couuertes & dangereuſes ſus le Droget, & quand tu iras à Droget auec le nauire garde-toy des baches.

Item de Droget à Cradon y a vne lieuë, & y a des baches ſus le Droget vne demy lieuë deuers la mer qui ſont couuertes, & garde toy d'elles quand tu iras auec le nauire.

Item

Item tu dois fçauoir que de Gradon à Sachobodege à vne petite lieues, à l'entrant de Sachobodege, y a force baches deuers la
mer, & garde-toy d'elles, & les gens y font bien befoin.

Item de Sachobodege iufques à Breft, y a 2. lieues, & y a des baches entre les deux, & gardes-toy d'elles.

S'enfuiuent les lieuës qui font du cap de Ras & Bacallan,
gift la cofte nordeft & furroeft.

SCaches que du cap de Ras iufques à Vrrimche, y a 7. lieues, fçaches qu'à vne lieue d'Vrrimche, il y a vne bache defcouuerte, &
tu n'auras point de danger de la bache fi tu ne touchois elle-mefme,
& elle eft baffe & eft deuers le fu fueft d'Vrrimche.

SChache que d'Vrrimche à Fermoffe, y a   1. lieue.
De Fermoffe à Fortleau,   1. lieue.
De Fortleau à Farrillon,   1. lieue.
De Farrillon aux Ifles Defpere,   4. lieues.
Des Ifles Defpere à Baye de Bour,   2. lieues.
De Baye de Bour au petit port Defpere,   2. lieues.
Du port Defpere au port de S. Iean,   2. lieues.
Du port de S. Iean à cap de Concenfion,   4. lieues.
Du cap de Concenfion à Bacallan,   8. lieues.

S'enfuiuent les cognoiffances des ports de Terre-neufue, depuis cap de
Breton iufques à cap de Grat.

ÇCaches que Bacallan tient deux grandes Bayes deuers le fu, l'vne
eft deuers Concenfion, & l'autre deuers le nord.

Sçaches que le cap de Bonne vifte il tient deux petites Ifles dedans la Baye, & le cap eft fort long.

Sçaches que aux Ifles de Corques il tient 2. Ifles, l'vne deuers la
mer, qui font prés l'vne de l'autre & font razes, & lefdites Ifles font
pleines d'anches, & deuers le nordeft des Ifles y a vne petite Ifle

O

que tient vn farrillon deuers le su de la petite Ifle, & deuers le nord
nordeft y a force rocques qui durent 4. lieuës, & pour te garder tu
iras 3. lieuës au nordeft, prens de l'eft & n'ayes point de peur.

Sçaches que l'Ifle de Fogos, le cap eft fort long, & deuers l'eft sus
le cap de Fogos à vne ou deux lieuës y font vnze Ifles.

Sçaches que l'ifle de Pinguin tient deux petites ifles deuers le
nordeft, & deuers vn quart de lieuë deuers oeft furroeft y a des baches, quand la mer eft belle ne paroiffent point, & garde-toy d'elles.

Sçaches que des ifles de Fogos iufques à cap de S. Iean il y a 12.
lieuës, & entre les deux il y a vne baye: mais il n'y a point de lieu
pour demeurer des nauires, il y a 4. lieuës des ifles de Fogos deuers
le norroeft, & là où il fait le cap aupres de luy, & y a deux petites
ifles, l'vne dehors dudit cap deuers la mer, & l'autre petite tout dedans deuers la terre, & ledit cap fe fait comme vn Certam, mais c'eft
toute ifle qui paffe de l'autre guolfe deuers le norroeft dudit cap.

Sçaches que pour cognoiftre cap de S. Iean il y a vne grande
lieuë deuers l'eft, & y a vne ifle & vn farrillon deuers l'eft.

Sçaches qu'il y a vne grande baye entre le cap, & le cap de S. Iean,
il y a 3. lieuës dudit, & 6. lieuës du cap de S. Iean, & pour le cognoiftre, tu dois fçauoir que le cap deuers fueft eft fort long & haut pour
caufe qu'ils font 4. ifles, tout comme celle de Ortiguero, il y a vne
grande ifle à demy lieuë dudit cap deuers la mer deuers l'eft à ladite
baye, & n'y a point de ports tant feulement pour vn gallion.

Sçaches que pour cognoiftre les ifles de Chibaux elles font grandes, Groye Belifles y font eft oeft les deux ifles, & celle-là qui eft
deuers l'eft, elle eft plus grande que non pas l'autre, & fe fait côme la
pointe du Figuier, & y a deux petites ifles tout razibus de la pointe
de l'eft, & fur la pointe de l'eft iufques à deux tiers d'vne lieuë il y a
force baches, & gardes-toy d'elles.

Sçaches que pour cognoiftre le port de Flordelis y a vne grande montagne à l'entrant deuers oeſt, qui ſemble comme vne flordelis.

Sçaches que pour cognoiſtre Groye Beliſles ils ſont 4. lieuës, & deuers la mer de Capenruge, & ſur le cap de Beliſle deuers le ſu y ſont deux petites Iſles entre le Certain & Beliſle.

Sçaches que pour cognoiſtre cap de Grat, ſi tu es deuers le nord de cap de Grat, le cap ſe fait comme vne pointe longue, & deuers le nord il eſt plus grand qu'il n'eſt deuers le ſu, & il y a vn farrillon qui tient deux enſemble comme de ſainct Home.

Sçaches que deuers le ſu de cap de Grat vne lieuë à la mer, il y a deux Iſles petites qui ſont prés l'vne de l'autre, & y ſont raçoz, & deuers l'eſt deſdites Iſles il y a des baches, & ſi tu ne frappes les baches tu n'auras danger.

Sçaches que pour connoiſtre Beliſle qui eſt au milieu de la baye, la pointe qui eſt deuers le ſu ſe fait long, & ſur la pointe y a 3. trenclades, & deuers la pointe de nord ſe fait long & bas, & y a 2. farrillons, & y a vne bache tout au bout deuers la pointe de nord.

Sçaches que ſi tu veux cognoiſtre Chaſteau, il y a vne grande montagne qui eſt plus grande que ne ſont les autres, & à ladite montagne il y a deux farrillons comme de ſainct Home, & y a vne bache à l'entrant deuers ababour, & eſt couuerte aucunesfois, & gardes-toy d'elle.

Sçaches que pour cognoiſtre Boytus, tu dois ſçauoir que depuis de Chaſteau iuſques à Boytus, tu ne trouueras point tant ſeulement vn boys tout au long de la terre ſinon à vne grande lieuë de Boytus deuers l'eſt, & de là aupres deuers oeſt vne lieuë, tu trouueras vn grand boſcage, là eſt le port de Boytus.

Sçaches que pour cognoiſtre Sachobodege, il y a vne grande montagne au milieu là où demeurent les nauires, & ladite montagne eſt toute ronde & ſemble Chaſteau, & y a des baches au milieu de l'entrée, & gardes-toy d'elles.

Sçaches que pour cognoiſtre le port de Gradon, il y a vne petite Iſle qui tient 3. fartillons, tout au bout là où demeurent les nauires, & entrant deuers ſtibour eſt bon lieu au port.

Sçaches que pour cognoiſtre les Iſles de S. Pierre ils ſont deux grandes Iſles, & dauantage il y a vne autre Iſle que nous appellons Colombeire, pour cauſe qu'il y a forces anches, & deuers l'eſt de ladite Colombeire vne grande lieue, il y a vne petite Iſle que nous appellons iſle Dargentine il y a deux autres entrées aux aiſles de ſaint Pierre, l'vne eſt ſu & l'autre eſt fort eſtroit, il y a des baches coquertes beaucoup qui ſont fort dangereuſes, & l'autre eſt fort large & bonne, & y a force baches couuertes deuers ababour & deuers ſu ſueſt de l'iſle, & quand tu viendras dedans arranges-toy deuers ſtibour ou par le milieu, alors n'auras danger de rien.

S'enſuyuent les ſondes de Terre-neufue depuis les Iſles de S. Pierre iuſques à cap de Grat.

S Caches que quand tu auras 80. l. au cap de Ras tu trouueras ſable blanc, & quand tu iras du cap de Ras à oeſt norroeſt, tu auras autát de lieuës à terre comme de braſſes, & trouueras ſonde iuſqu'à terre.

Sçaches que quand tu auras criſtal, tu ſeras entre cap de Ras & Concenſion.

Sçaches que quand tu ſeras eſt ſueſt & oeſt norroeſt du cap de Ras, tu trouueras 107. braſſes ſable menu au ploin coup de pierre.

Sçaches que quand tu ſeras ſus le cap de Ras à 60. braſſes, tu trouueras ſable meſlé rouge, & criſtal menu.

Sçaches que quand tu ſeras ſus le cap de Ras à 50. braſſes, tu auras criſtal & ſable menu comme mil petit & gros auſſi.

Sçaches que quand tu ſeras ſus le cap de Ras à 40. braſſes, auras criſtal plus gros que le mil.

Sçaches que quand tu ſeras eſt ſueſt & oeſt norroeſt du cap Deſpere à 55. lieuës de la terre, tu trouueras 130. braſſes toute baſſe.

Sçaches que quand tu seras à 40. lieuës du cap Despere, tu trouueras 80. brasses, callau plat & noir & cristal, plus au milieu du plom comme mil.

Sçaches que quand tu seras dessus cap Despere à 28. lieuës de la terre, trouueras 60. brasses, & tu seras bien tost à la pergime de la terre, & si tu trouues dans 20. lieuës, tu iras au long de la pergime de la terre deuers cap de Ras.

Sçaches que si tu es sus de cap de Concenssion, ou sus Bacallan, tu trouueras au sonde pierre au plom, & 40. ou 35. lieuës à terre.

Sçaches que quand tu auras passé le banc de Bacallan, tu trouueras 120. brasses ou 100. brasses.

Sçaches que quand tu seras sus de cap de Concenssion, tu trouueras fort parfont à vne lieuë de terre, tu trouueras 120. brasses.

Sçaches que quand tu seras de cap de S. Iean, tu trouueras sonde mesme grosse & coup de pierre au plom.

Sçaches que quand tu seras est suest & oest norroest de stay Loys 49. degrez & demy 20. lieuës de la terre, tu trouueras 100. ou 85. brasses, & si tu cours de là au nord quart de norroest, tu iras querir les Groye Belisles, y à 40. lieuës.

Sçaches que quand tu seras est suest & oest norroest du cap de Bonne viste à 49. degrez, tu auras 140. brasses basse molle, & tu auras à terre 27. ou 30. lieuës.

Sçaches que quand tu seras est suest & oest norroest des Isles de Chibaux à 50. degrez & demy 20. lieuës de la terre, tu trouueras 125. brasses au plom coup de pierre, & si tu cours de là au norroest quart de nord, tu iras querir Groye Belisles, & tu auras à terre 27. ou 30. lieuës.

Sçaches que quand tu seras est oest de Groye Belisles 40. lieuës allant à la mer, tu auras 160. brasses, & depuis là iusques à terre, tu trouueras à la sonde 140. ou 120. ou 100. brasses.

O iij

Sçaches que quand tu seras 45. degrez & 2. tiers norroest & suest
quart de nord & su à 35. lieuës du cap de Ras, tu auras 35. brasses
à la sonde, de cristal, coral, trinctade au milieu, & depuis de là en
cette routte tu trouueras sondes tousiours iusques à 35. brasses &
sengal comme grans de pomiers callau plat, & quand approcheras à terre à 25. lieuës, tu auras 45 brasses & piez rudes au milieu
sable rude & noir.

S'ensuiuent les connoissances des ausetz quand tu seras sur le banc
de Terre-neufue.

SCaches que par tout le chemin de Terre-neufue quand tu seras
approché 100. lieuës de la terre, tu trouueras de grands ausetz
qui ne peuuent bouger, depuis faites bon guet à terre.

Sçaches que quand tu seras approché au banc de Terre-neufue,
tu trouueras assez d'ausetz blancs, & tu trouueras le banc si tu es de
Bacallan, tu seras deuers le su.

Sçaches que si tu sondes au cap du banc deuers l'est dessus Bacallan, tu n'auras que 60. ou 70. lieuës à terre.

Sçaches que quand tu seras approché à terre, tu trouueras de
petits poteros 10. ou 15. au coup, alors faites bon guet à terre.

S'ensuyuent les routes & requestes & dangers des ports de
Terre-neufue.

SCaches que quand tu seras au cap de Ras à 25. lieuës allant au norroest & suest allant à la mer, il y a de mauuaises baches, & la mer
rompt en 3. lieux, & garde-toy d'elle.

Sçaches que au cap de sainte Marie 2. lieuës allant à la mer y a
des baches qui sont couuertes, & garde-toy d'elles.

Sçaches qu'entre cap de Ras & Bacallan n'y a point de requeste
iusques à terre, sinon deuers su suest, Durrimche à vne lieuë allant
à la mer, & y a vne bache descouuerte, & garde-toy d'elle.

Sçaches qu'entre cap de Bonne Viste & entre les Isles de Fogos y sont fort mauuais lieux, car aux Isles de Corques y a force Baches couuertes & descouuertes 4. lieuës de terre allant au nord nordest, & sçaches que si tu es au port mesme de Corques, & si tu voulois aller au nord, va au nordest, & pren de l'est, alors ne te soucie des baches en cette routte allant le nord.

Sçaches qu'entre les Isles de Fogos & entre Groye Belisles, n'y a point de requestes iusques à terre, sinon des Isles de Chibaux il y a des baches sur la pointe deuers l'est à demy lieuë allant à la mer, dauantage entre les Isles de Groye Besliles, & l'Isle de Fogos, y a 5. bayes.

Sçaches que deuers le norroest de Groye il y a vne pointe qui est fort mauuaise, est petit lieu, & garde-toy d'elle.

Sçaches que le port de Chene a vne petite lieuë allant est surroest, il y a vne bache fort mauuaise, & garde-toy d'elle.

S'ensuiuent les routes, entrées & ports de Terre-neufue.

SCaches que Gisent l'entrée de sainte Marie, nord norroest & su suest.

Gisent l'entrée de Trespache, nordest & surroest.

Gisent l'entrée de Durruiche, norroest & suest, & entrant deuers stibour, y a des baches couuertes, & garde-toy d'elles.

Gisent l'entrée de Fermosse, norroest & suest.

Gisent l'entrée de Fortleau, norroest & suest.

Gisent l'entrée de Farrillon, norroest & suest.

Gisent l'entrée de port de saint Iean, est & oest.

Gisent l'entrée des Isles de Corques, nord & su.

Gisent l'entrée de port de Sege, norroest & suest.

Gisent l'entrée de port de Baeque, est suest & oest norroest.

Gisent l'entrée de port de Flordelis, norroest & suest.

Gisent l'entrée de camabuete, est oest.

Gisent l'entrée de Capenruge, est suest & oest norroest.

Gisét l'entrée du haure du petit Maiſtre, eſt ſueſt & oeſt norroeſt.

Giſent l'entrée de S. Iulien, nord & ſu.

Giſent l'entrée de Gramallerie, eſt ſueſt & oeſt norroeſt.

Giſent l'entrée des Iſles de Pecos, norroeſt & ſueſt.

Giſent l'entrée de port de Saubu, nord & ſu.

Giſent l'entrée de port de Cheſne, nord norroeſt & ſueſt.

Giſent l'entrée de cap Blanc, nordeſt & ſurroeſt.

Giſent l'entrée de Baye de Oget, eſt oeſt.

Giſent l'entrée de Carbon, eſt oeſt.

Giſent l'entrée de cap de Grat, l'vn des deux, nord & ſu.

Giſent l'autre entrée du cap de Grat, nordeſt & ſurroeſt.

Giſent l'entrée de Baye de Secure, nordeſt & ſurroeſt.

Giſent l'entrée de Caſteau, nord nordeſt & ſu ſurroeſt.

Giſent l'entrée de Boytus, nordeſt & ſurroeſt.

Giſent l'entrée de Baye de Ballenne qui eſt aupres de Boytus, vn port qui ſe nomme port de Ballenne, giſt nord & ſu.

Giſent l'entrée de Furx, eſt nordeſt & oeſt ſurroeſt, & y a vne bache deuers ſu ſueſt tout razibus ſur la pointe dehors, & gardes-toy d'elle, car eſt mauuaiſe.

Item tu dois ſçauoir qu'à entrer de Furx, & les deux grandes Iſles qui ſont là aupres de Furx, il y a quatre baches, & ſont mau-uaiſes, & ſont nordeſt & ſurroeſt de la grande Iſle qui eſt deuers l'eſt, & y a deux grandes Iſles là où ſont les baches.

Giſent l'entrée de Samadag, eſt nordeſt & oeſt ſurroeſt.

Giſent l'entrée de Baye de Ballennes, nord nordeſt & ſu ſurroeſt.

Item tu dois ſçauoir que le port de Beaulſanim eſt à vne couche qui eſt toute deſcouuerte de tout temps: mais c'eſt vn port & bon-ne trenche & ſable nette, giſent l'entrée des Iſles eſt oeſt.

Item de l'iſle Daucens, il y a vn port duquel l'entrée eſt, l'iſle de Bois, eſt toute deſcouuerte de tout temps, & eſt ſalle au fonds.

Item

Ité tu dois ſçauoir que des Iſles aux Iſles Dancens au milieu du chemin y a vne bache deſcouuerte, & quand la mer eſt grande elle róp.

Giſent l'entrée du port Droguet norroeſt & ſueſt.

Giſent l'entrée de Cradon nort & ſu, & dehors y a baches à l'entrée deuers la mer.

Giſent l'entrée de Sacho Bodege eſt nordeſt & oeſt ſurroeſt, y a
des baches deſcouuertes, & ſont mauuaiſes.

Giſent l'entrée de Breſt nordeſt & ſurroeſt, & n'y a point de re-
queſtes iuſques à terre à l'entrant tu aduiſeras & gardes-toy d'elles.

Item tu dois ſçauoir que quand tu voudrois ſortir par dedans
des ports de Carbon pour aller à la grand baye, & gardes-toy des
baches qui ſont au bout de l'Iſle, & la plus grande de terre eſt deuers Carbon au long de la riuiere & portes les marques toutes fer-
mes l'vne pour l'autre, alors n'auras danger de la bache, & quand
ſeras tant auant comme la bache, tu auras les 2. caps qui ſont deuers l'vn pour l'autre, & y a deſſus la bache vne braſſe & demie, &
giſe la bache eſt oeſt.

S'enſuit ce preſent regiment pour prendre l'alture du Soleil & de
l'eſtoille de nord pour les terres neufues : Sçaches car la terre neufue n'eſt pas accomparée à celle de noſtre pays, par cauſe qu'il fait
mouuement à terre neufue, car le Soleil nous l'auons en noſtre pays
le plus haut au ſu, & l'eſtoille de nort à nort, & à terre neufue nous
auons le Soleil au plus haut au ſu ſurroeſt, & l'eſtoille de nort à nort
nordeſt, & pour cela n'eſt pas comparée auec celle de noſtre pays.

Sçaches que quand tu prendras ton alture que tu prendras pour
l'eſtoille de nord à nord nordeſt, l'alture que tu prendras pour le
trouuer, tu dois aller à oeſt norroeſt, car ſi tu vas à Veſt en poſant tu
trouueras à Veſt, tu ne trouueras point pour raiſon que le Soleil &
l'eſtoille font mouuement ainſi que ie vous ay declaré à preſent.

F I N.

P

*S'enfuit le preſent regiment pour prendre l'alture de l'eſtoille de nord pour adiouſter voſtre de-
clinaiſon quand vous ſerez en ces 4. bancs qui ſeront nommez à preſent*

Sçaches que quand tu prendras ton alture, quand les gardes ſeront au norroeſt tu ad-
iouteras demy degré de ton alture que tu prendras, & quand les gardes ſeront au norroeſt les deux gardes ſeront nord & ſu, alors iras bien.

Sçaches que quand tu prendras ton alture quand les gardes ſeront au nord, il faut que
tu adiouſtes trois degrez à ton alture, que tu prendras, & quand les gardes ſeront au nord,
les gardes y ſeront nord & ſu, alors iras bien.

Sçaches que quand tu prendras ton alture, quand les gardes ſeront au norroeſt, il faut
que tu adiouſtes trois degrez & demy à ton alture que tu prendras, & quand les gardes ſeront au nordeſt les deux gardes ſeront eſt oeſt, alors iras bien.

Sçaches que quand tu prendras ton alture, quand les gardes ſeront à l'eſt, il faut que
tu adiouſtes vn degré & demy à ton alture que tu prendras les gardes quand ſeront à Veſt
les gardes y ſeront eſt veſt, alors iras bien.

*S'enfuit ce preſent regiment pour prendre ton alture: il eſt autre compte pour oſter de ton altu-
re declinaiſon ſelon qu'il ſera declaré à preſent en ces 4. bancs qui ſeront nommez.*

Sçaches que quand tu prendras ton alture, quand les gardes ſeront au ſueſt, il faut
oſter vn demy degré de ton alture, que tu prendras, & quand les gardes ſeront au
ſueſt, les deux gardes ſeront nord & ſu, alors iras bien.

Sçaches que quand tu prendras ton alture, quand les gardes ſeront au ſu, il faut oſter
trois degrez de ton alture que tu prendras, & quand les gardes ſeront au ſu, les gardes
ſeront nord & ſu, alors iras bien.

Sçaches que quand tu prendras ton alture, quand les gardes ſeront au ſurroeſt, il faut
oſter trois degrez & demy de ton alture que tu prendras, & quand les gardes ſeront au
ſurroeſt, & les deux gardes ſeront eſt oeſt, alors iras bien.

Sçaches que quand tu prendras ton alture, quand les gardes ſeront à veſt, il faut oſter
vn degré & demy de ton alture que tu prendras, & quand ſeront à veſt, les deux gardes
ſeront eſt veſt auec l'eſtoille de nord, alors iras bien.

S'ENSVIVENT LES TABLES
DE LA DECLINAISON OV
ESLOIGNEMENT QVE FAIT LE SO-
leil de la ligne Equinoxiale chacun iour des
quatre ans, tant à la partie du
Nord comme du Sud.

q

LA DECLINAISON DV SOLEIL.

PREMIERE ANNEE

Ianuier.			Feurier.			Mars.		
Iours.	Degr.	Minu.	Iours.	Degr.	Minu.	Iours.	Degr.	Minu.
1	21	52	1	14	0	1	3	41
2	21	42	2	13	40	2	3	18
3	21	32	3	13	22	3	2	54
4	21	22	4	13	0	4	2	31
5	21	10	5	12	39	5	2	7
6	21	0	6	12	18	6	1	44
7	20	47	7	11	58	7	1	20
8	20	35	8	11	37	8	0	56
9	20	22	9	11	16	9	0	31
10	20	10	10	10	54	10	0	9
11	19	57	11	10	31	11	0	15
12	19	42	12	10	10	12	0	39
13	19	28	13	9	47	13	1	3
14	19	13	14	9	26	14	1	27
15	19	0	15	9	4	15	1	51
16	18	45	16	8	41	16	2	15
17	18	28	17	8	19	17	2	38
18	18	12	18	7	57	18	3	1
19	17	52	19	7	34	19	3	25
20	17	40	20	7	12	20	3	47
21	17	22	21	6	48	21	4	20
22	17	5	22	6	29	22	4	34
23	16	40	23	6	2	23	4	56
24	16	36	24	5	36	24	5	20
25	16	13	25	5	15	25	5	43
26	15	55	26	4	51	26	6	5
27	15	57	27	4	28	27	6	28
28	15	19	28	4	4	28	6	50
29	15	1				29	7	12
30	14	42				30	7	36
31	14	21				31	7	57

LA DECLINAISON DV SOLEIL.

PREMIERE ANNEE.

Auril.   May.   Iuin.

Iours	Degr.	Minu.	Iours	Degr.	Minu.	Iours	Degr.	Minu.
1	8	20	1	17	52	1	23	8
2	8	41	2	18	8	2	23	12
3	9	2	3	18	23	3	23	16
4	9	24	4	18	39	4	23	20
5	9	47	5	18	53	5	23	23
6	10	7	6	19	7	6	23	26
7	10	20	7	19	21	7	23	28
8	10	31	8	19	33	8	23	30
9	11	12	9	19	47	9	23	32
10	11	32	10	19	56	10	23	33
11	11	52	11	20	11	11	23	33
12	12	12	12	20	24	12	23	33
13	12	31	13	20	35	13	23	32
14	12	49	14	20	46	14	23	31
15	13	8	15	20	58	15	23	30
16	13	28	16	21	10	16	23	28
17	13	48	17	21	20	17	23	26
18	14	8	18	21	30	18	23	24
19	14	28	19	21	40	19	23	22
20	14	47	20	21	48	20	23	19
21	15	7	21	21	57	21	23	15
22	15	24	22	22	5	22	23	11
23	15	43	23	22	13	23	23	17
24	16	0	24	22	21	24	22	2
25	16	16	25	22	28	25	22	57
26	16	31	26	22	30	26	22	52
27	16	48	27	22	41	27	22	47
28	17	4	28	22	48	28	22	41
29	17	20	29	22	54	29	22	34
30	17	36	30	23	0	30	22	26
			31	23	4			

LA DECLINAISON DV SOLEIL.

PREMIERE ANNEE.

Iuillet.			Aouft.			Septembre.		
Iours.	Degr.	Minu.	Iours.	Degr.	Minu.	Iours.	Degr.	Minu.
1	22	18	1	15	34	1	4	49
2	22	11	2	15	16	2	4	27
3	22	2	3	14	57	3	4	2
4	21	53	4	14	39	4	3	40
5	21	44	5	14	20	5	3	17
6	21	36	6	14	3	6	2	53
7	21	26	7	13	42	7	2	29
8	21	16	8	13	25	8	2	6
9	21	4	9	13	5	9	1	43
10	20	53	10	12	45	10	1	20
11	20	44	11	12	24	11	0	57
12	20	30	12	12	3	12	0	33
13	20	19	13	11	45	13	0	9
14	20	7	14	11	25	14	0	15
15	19	56	15	11	3	15	0	39
16	19	40	16	10	43	16	1	3
17	19	28	17	10	20	17	1	26
18	19	14	18	10	0	18	1	50
19	19	1	19	9	38	19	2	14
20	18	46	20	9	17	20	2	37
21	18	31	21	8	56	21	3	5
22	18	16	22	8	34	22	3	25
23	18	2	23	8	12	23	3	48
24	17	45	24	7	51	24	4	12
25	17	28	25	7	28	25	4	25
26	17	12	26	7	6	26	4	48
27	16	58	27	6	43	27	5	12
28	16	41	28	6	19	28	5	45
29	16	25	29	5	57	29	6	8
30	16	9	30	5	34	30	6	31
31	15	15	31	5	12			

LA DECLINAISON DV SOLEIL.

PREMIERE ANNEE.

Octobre. Nouembre. Decembre.

Iours.	Degr.	Minu.	Iours.	Degr.	Minu.	Iours.	Degr.	Minu.
1	6	55	1	17	28	1	23	6
2	7	17	2	17	45	2	23	11
3	7	41	3	18	0	3	23	15
4	8	2	4	18	16	4	23	19
5	8	24	5	18	30	5	23	23
6	8	47	6	18	47	6	23	26
7	9	8	7	19	1	7	23	28
8	9	30	8	19	19	8	23	30
9	9	52	9	19	34	9	23	31
10	10	14	10	19	48	10	23	32
11	10	36	11	20	0	11	23	33
12	10	58	12	20	14	12	23	33
13	11	20	13	20	26	13	23	33
14	11	41	14	20	39	14	23	32
15	12	2	15	20	50	15	23	31
16	12	24	16	21	2	16	23	30
17	12	45	17	21	31	17	23	28
18	13	5	18	21	25	18	23	25
19	13	26	19	21	36	19	23	22
20	13	46	20	21	45	20	23	17
21	14	6	21	21	55	21	23	12
22	14	26	22	22	3	22	23	7
23	14	45	23	22	12	23	23	2
24	15	5	24	22	22	24	23	56
25	15	25	25	22	29	25	22	50
26	15	44	26	22	36	26	22	44
27	16	2	27	22	44	27	22	37
28	16	20	28	22	50	28	22	30
29	16	37	29	22	56	29	22	22
30	16	54	30	23	1	30	22	14
31	17	10				31	22	5

LA DECLINAISON DV SOLEIL.

SECONDE ANNEE.

Ianuier.			Feurier.			Mars.		
Iours.	Degr.	Minu.	Iours.	Degr.	Minu.	Iours.	Degr.	Minu.
1	21	54	1	14	6	1	3	47
2	21	45	2	13	46	2	3	23
3	21	35	3	13	26	3	2	59
4	21	22	4	13	6	4	2	35
5	21	14	5	12	46	5	2	12
6	21	3	6	12	26	6	1	48
7	20	51	7	12	5	7	1	24
8	20	38	8	11	44	8	1	0
9	20	26	9	11	22	9	0	36
10	20	13	10	11	0	10	0	12
11	20	0	11	10	39	11	0	12
12	19	46	12	10	17	12	0	36
13	19	33	13	9	55	13	1	0
14	19	18	14	9	33	14	1	23
15	19	4	15	9	11	15	1	46
16	19	49	16	8	49	16	2	9
17	18	34	17	8	27	17	2	32
18	18	18	18	8	4	18	2	56
19	18	1	19	7	41	19	3	19
20	17	44	20	7	18	20	3	43
21	17	28	21	6	55	21	4	26
22	17	22	22	6	32	22	4	29
23	16	55	23	6	8	23	4	53
24	16	36	24	5	44	24	5	16
25	16	19	25	5	21	25	5	40
26	16	0	26	4	57	26	6	2
27	15	40	27	4	33	27	6	15
28	15	22	28	4	10	28	6	48
29	15	3				29	7	10
30	14	44				30	7	32
31	14	24				31	7	52

LA DECLINAISON DV SOLEIL

SECONDE ANNEE.

Auril.   May.   Iuin.

Iours.	Degr.	Minu.	Iours.	Degr.	Minu.	Iours.	Degr.	Minu.
1	8	12	1	17	48	1	23	8
2	8	34	2	18	4	2	23	13
3	8	54	3	18	21	3	23	16
4	9	14	4	18	33	4	23	19
5	9	35	5	18	46	5	23	22
6	9	58	6	19	1	6	23	25
7	10	20	7	19	16	7	23	27
8	10	42	8	19	13	8	23	29
9	11	3	9	19	43	9	23	30
10	11	25	10	19	55	10	23	31
11	11	45	11	20	7	11	23	32
12	12	5	12	20	21	12	23	33
13	12	24	13	20	33	13	23	33
14	12	43	14	20	44	14	23	32
15	13	3	15	20	54	15	23	31
16	13	23	16	21	5	16	23	30
17	13	43	17	21	16	17	23	28
18	14	3	18	21	26	18	23	25
19	14	23	19	21	35	19	23	21
20	14	43	20	21	44	20	23	18
21	15	2	21	21	53	21	23	14
22	15	20	22	22	2	22	23	10
23	15	37	23	22	10	23	23	6
24	15	54	24	22	19	24	23	3
25	16	12	25	22	26	25	22	58
26	16	28	26	22	33	26	22	54
27	16	46	27	22	40	27	22	49
28	17	2	28	22	46	28	22	42
29	17	18	29	22	53	29	22	36
30	17	34	30	22	58	30	22	24
			31	23	3			

SECONDE ANNEE.

Iuillet.			Aoust.			Septembre.		
Iours.	Degr.	Minu.	Iours.	Degr.	Minu.	Iours.	Degr.	Minu.
1	22	20	1	15	37	1	4	56
2	22	12	2	15	20	2	4	32
3	22	3	3	15	1	3	4	9
4	21	54	4	14	43	4	3	46
5	21	45	5	14	24	5	3	23
6	21	37	6	14	6	6	3	0
7	21	27	7	13	47	7	2	36
8	21	17	8	13	27	8	2	12
9	21	6	9	13	8	9	1	48
10	20	54	10	12	49	10	1	24
11	20	43	11	12	29	11	1	0
12	20	32	12	12	9	12	0	36
13	20	21	13	11	49	13	0	13
14	20	10	14	11	29	14	0	11
15	19	57	15	11	8	15	0	35
16	19	43	16	10	48	16	0	58
17	19	31	17	10	27	17	1	22
18	19	19	18	10	6	18	1	45
19	19	5	19	9	44	19	2	9
20	18	50	20	9	23	20	2	33
21	18	35	21	9	1	21	2	36
22	18	20	22	8	40	22	3	20
23	18	5	23	8	19	23	3	43
24	17	58	24	7	58	24	4	7
25	17	34	25	7	36	25	4	30
26	17	19	26	7	14	26	4	16
27	17	3	27	6	51	27	5	35
28	16	47	28	6	29	28	5	39
29	16	30	29	6	7	29	6	2
30	16	12	30	5	55	30	6	25
31	15	55	31	5	20			

Q

SECONDE ANNEE.

Octobre.			Nouembre.			Decembre.		
Iours.	Degr.	Minu.	Iours.	Degr.	Minu.	Iours.	Degr.	Minu.
1	6	48	1	17	25	1	23	5
2	7	11	2	17	41	2	23	10
3	7	34	3	17	57	3	23	14
4	7	56	4	18	14	4	23	18
5	8	19	5	18	29	5	23	22
6	8	34	6	18	46	6	23	25
7	9	4	7	19	0	7	23	27
8	9	26	8	19	15	8	23	29
9	9	48	9	19	29	9	23	31
10	10	10	10	19	42	10	23	32
11	10	31	11	19	56	11	23	33
12	10	53	12	20	11	12	23	33
13	11	15	13	20	23	13	23	33
14	11	37	14	20	35	14	23	32
15	11	58	15	20	47	15	23	31
16	12	19	16	21	0	16	23	30
17	12	38	17	21	12	17	23	28
18	12	59	18	21	24	18	23	27
19	13	20	19	21	35	19	23	22
20	13	40	20	21	44	20	23	18
21	14	10	21	21	53	21	23	14
22	14	20	22	22	4	22	23	10
23	14	39	23	22	13	23	23	5
24	14	58	24	22	21	24	22	58
25	15	17	25	22	29	25	22	52
26	15	36	26	22	37	26	22	45
27	15	54	27	22	44	27	22	38
28	16	12	28	22	50	28	22	30
29	16	32	29	22	56	29	22	22
30	16	49	30	23	0	30	22	14
31	17	7				31	22	6

LA DECLINAISON DV SOLEIL.

TROISIESME ANNEE.

Ianuier.			Feurier.			Mars.		
Iours.	Degr.	Minu.	Iours.	Degr.	Minu.	Iours.	Degr.	Minu.
1	21	57	1	14	10	1	3	54
2	21	48	2	13	50	2	3	30
3	21	39	3	13	36	3	3	6
4	21	28	4	13	10	4	2	44
5	21	18	5	12	50	5	2	19
6	21	6	6	12	29	6	1	55
7	20	55	7	12	9	7	1	30
8	20	43	8	11	48	8	1	7
9	20	31	9	11	27	9	0	42
10	20	18	10	11	5	10	0	19
11	20	5	11	10	44	11	0	5
12	19	51	12	10	22	12	0	28
13	19	37	13	10	0	13	0	52
14	19	24	14	9	28	14	1	16
15	19	10	15	9	16	15	1	40
16	18	56	16	8	54	16	2	4
17	18	38	17	8	32	17	2	27
18	18	20	18	8	9	18	2	51
19	18	4	19	7	45	19	3	14
20	17	55	20	7	22	20	3	37
21	17	32	21	6	58	21	4	0
22	17	15	22	6	36	22	4	24
23	16	58	23	6	13	23	4	47
24	16	40	24	5	50	24	5	10
25	16	22	25	5	27	25	5	33
26	16	4	26	5	2	26	5	54
27	15	46	27	4	40	27	6	17
28	15	28	28	4	15	28	6	39
29	15	9				29	7	2
30	14	48				30	7	25
31	14	29				31	7	48

TROISIESME ANNEE.

Auril.			May.			Iuin.		
Iours.	Degr.	Minu.	Iours.	Degr.	Minu.	Iours.	Degr.	Min u.
1	8	8	1	17	43	1	23	6
2	8	32	2	17	58	2	23	11
3	8	53	3	18	16	3	23	15
4	9	13	4	18	31	4	23	18
5	9	35	5	18	46	5	23	21
6	9	57	6	18	58	6	23	24
7	10	19	7	19	16	7	23	27
8	10	39	8	19	29	8	23	39
9	11	0	9	19	42	9	23	30
10	11	21	10	19	53	10	23	31
11	11	42	11	20	6	11	23	32
12	12	3	12	20	17	12	23	33
13	12	23	13	20	29	13	23	33
14	12	42	14	20	41	14	23	33
15	13	1	15	20	53	15	23	32
16	13	22	16	21	3	16	23	31
17	13	40	17	21	14	17	23	29
18	13	58	18	21	25	18	23	27
19	14	17	19	21	36	19	23	24
20	14	36	20	21	44	20	23	21
21	14	55	21	21	56	21	23	17
22	15	14	22	22	1	22	23	13
23	15	32	23	22	10	23	23	9
24	15	50	24	22	18	24	22	4
25	16	6	25	22	25	25	22	1
26	16	24	26	22	33	26	22	55
27	16	41	27	22	39	27	22	51
28	16	56	28	22	45	28	22	44
29	17	12	29	22	52	29	22	38
30	17	29	30	22	58	30	22	30
			31	23	2			

LA DECLINAISON DV SOLEIL.

TROISIESME ANNEE.

Iuillet.				Aouſt.				Septembre.		
Iours.	Degr.	Minu.		Iours.	Degr.	Minu.		Iours.	Degr.	Minu.
1	22	22		1	15	42		1	5	0
2	22	14		2	15	25		2	4	37
3	22	7		3	15	7		3	4	13
4	21	57		4	14	48		4	3	51
5	21	48		5	14	29		5	3	28
6	21	40		6	14	11		6	3	5
7	21	30		7	13	53		7	2	43
8	21	20		8	13	32		8	2	18
9	21	8		9	13	4		9	1	55
10	21	0		10	12	54		10	1	31
11	20	49		11	12	32		11	1	7
12	20	37		12	12	13		12	0	44
13	20	24		13	11	53		13	0	20
14	20	13		14	11	32		14	0	4
15	20	11		15	11	11		15	0	28
16	19	50		16	10	52		16	0	52
17	19	36		17	10	32		17	1	16
18	19	22		18	10	10		18	1	40
19	19	8		19	9	49		19	2	3
20	18	55		20	9	28		20	2	26
21	18	41		21	9	7		21	2	42
22	18	25		22	8	45		22	3	13
23	18	10		23	8	22		23	3	37
24	17	56		24	8	0		24	4	0
25	17	40		25	7	38		25	4	24
26	17	23		26	7	17		26	4	48
27	16	7		27	6	55		27	5	12
28	16	50		28	6	32		28	5	34
29	16	32		29	6	8		29	5	56
30	16	16		30	5	55		30	6	19
31	15	59		31	5	22				

LA DECLINAISON DV SOLEIL.

TROISIESME ANNEE.

Octobre.			Nouembre.			Decembre.		
Iours.	Degr.	Minu.	Iours.	Degr.	Minu.	Iours.	Degr.	Minu.
1	6	43	1	17	18	1	23	4
2	7	6	2	17	34	2	23	9
3	7	29	3	17	50	3	23	15
4	7	51	4	18	7	4	23	18
5	8	14	5	18	23	5	23	22
6	8	37	6	18	39	6	23	26
7	9	0	7	18	55	7	23	28
8	9	22	8	19	10	8	23	29
9	9	43	9	19	25	9	23	31
10	10	5	10	19	39	10	23	32
11	10	27	11	19	52	11	23	33
12	10	49	12	20	6	12	23	33
13	11	10	13	20	19	13	23	33
14	11	23	14	20	31	14	23	33
15	11	53	15	20	44	15	23	32
16	12	14	16	20	56	16	23	31
17	12	34	17	21	8	17	23	28
18	12	55	18	21	19	18	23	25
19	13	15	19	21	30	19	23	21
20	13	35	20	21	40	20	23	18
21	13	55	21	21	50	21	23	14
22	14	15	22	21	59	22	23	10
23	14	34	23	22	8	23	23	5
24	14	53	24	22	17	24	23	0
25	15	12	25	22	25	25	22	54
26	15	31	26	22	34	26	22	49
27	15	49	27	22	4	27	22	42
28	16	8	28	22	47	28	22	35
29	16	26	29	22	54	29	22	27
30	16	44	30	23	0	30	22	18
31	17	3				31	22	9

LA DECLINAISON DV SOLEIL.

L'AN DE BISSEXTE.

Ianuier.			Feurier.			Mars.		
Iours.	Degr.	Minu.	Iours.	Degr.	Minu.	Iours.	Degr.	Mnu.
1	21	58	1	14	16	1	3	35
2	21	49	2	13	56	2	3	11
3	21	39	3	13	38	3	2	47
4	21	29	4	13	15	4	2	24
5	21	19	5	12	55	5	2	0
6	21	9	6	12	34	6	1	36
7	21	0	7	12	13	7	1	12
8	20	46	8	11	52	8	0	48
9	20	31	9	11	32	9	0	24
10	20	19	10	11	9	10	0	1
11	20	7	11	10	47	11	0	23
12	19	52	12	10	25	12	0	47
13	19	39	13	10	3	13	1	10
14	19	26	14	9	41	14	1	34
15	19	12	15	9	19	15	1	58
16	18	58	16	8	57	16	2	21
17	18	43	17	8	35	17	2	45
18	18	25	18	8	13	18	3	8
19	18	9	19	7	49	19	3	32
20	17	52	20	7	26	20	3	55
21	17	36	21	7	4	21	4	18
22	17	20	22	6	41	22	4	40
23	17	2	23	6	18	23	5	4
24	16	46	24	5	54	24	5	27
25	16	28	25	5	31	25	5	50
26	16	11	26	5	8	26	6	12
27	15	50	27	4	44	27	6	35
28	15	32	28	4	20	28	6	57
29	15	13	29	3	58	29	7	20
30	14	53				30	7	42
31	14	34				31	8	4

Octobre.			Nouembre.			Decembre.		
Iours.	Degr.	Minu.	Iours.	Degr.	Minu.	Iours.	Degr.	Minu.
1	7	0	1	17	32	1	23	8
2	7	23	2	17	48	2	23	13
3	7	46	3	18	5	3	23	16
4	8	7	4	18	22	4	23	20
5	8	30	5	18	37	5	23	28
6	8	53	6	18	57	6	23	27
7	9	14	7	19	5	7	23	29
8	9	36	8	19	22	8	23	30
9	9	58	9	19	36	9	23	31
10	10	20	10	19	5	10	23	32
11	10	42	11	20	3	11	23	33
12	11	4	12	20	13	12	23	33
13	11	25	13	20	29	13	23	33
14	11	47	14	20	41	14	23	32
15	12	8	15	20	53	15	23	31
16	12	29	16	21	5	16	23	29
17	12	42	17	21	10	17	23	27
18	13	10	18	21	27	18	23	24
19	13	31	19	21	38	19	23	21
20	13	51	20	21	47	20	23	16
21	14	11	21	21	56	21	23	10
22	14	31	22	22	6	22	23	5
23	14	59	23	22	15	23	23	15
24	15	9	24	22	24	24	22	55
25	15	28	25	22	32	25	22	49
26	15	47	26	22	39	26	22	42
27	16	52	27	22	46	27	22	35
28	16	22	28	22	53	28	22	27
29	16	40	29	22	59	29	22	19
30	16	57	30	23	4	30	22	11
31	17	15				31	22	2

Fin des Tables.

S'enfuiuent les signes des mois & iours de l'Année, pour sçauoir & se gouuerner, tant par minuicts que par pointes de iour.

Ianuier.

EN la my-Ianuier, gardes à l'est minuict, gardes au nord aube du iour. A la fin de Ianuier, gardes à l'est quart de nordest minuict, gardes au nord quart de norroest aube du iour.

Feurier.

En la my-Feurier, gardes au nordest quart de l'est minuict, gardes au nord aube du iour. A la fin de Feurier, gardes au nordest minuict, gardes au nord quart de norroest aube du iour.

Mars.

En la my-Mars, gardes au nordest quart de nord minuict, gardes au norroest quart de nord aube du iour. A la fin de Mars, gardes au nord quart de nordest minuict, gardes au surroest aube du iour.

Auril.

En la my-Auril, gardes au nord minuict, gardes au norroest aube du iour. A la fin d'Auril, gardes au nord quart de norroest minuict, gardes au norroest quart de eest aube du iour.

May.

En la my-May, gardes au norroest quart de nord minuict, gardes à l'oest quart de norroest aube du iour. A la fin de May, gardes au norroest minuict, gardes à l'oest aube du iour.

Iuin.

En la my-Iuin, gardes au norroest quart de l'oest minuict, gardes à l'oest aube du iour. A la fin de Iuin, gardes à l'oest quart de norroest minuict, gardes au su quart de surroest aube du iour.

Iuillet.

En la my-Iuillet, gardes à l'oest minuict, gardes au surroest quart de su aube du iour. A la fin de Iuillet, gardes à l'oest quart de surroest minuict, gardes au su quart de surroest aube du iour.

Aoust.

En la my-Aoust, gardes au surroest quart de l'oest minuict, gardes au su aube du iour. A la fin d'Aoust, gardes au surroest minuict, gardes au su quart de surroest aube du iour.

Septembre.

En la my-Septembre, gardes au surroest quart de su minuict, gardes au suest quart de su aube du iour. A la fin de Septembre, gardes au su quart de surroest minuict, gardes au suest aube du iour.

Octobre.

En la my-Octobre, gardes au su minuict, gardes au suest quart de l'est aube du iour. A la fin d'Octobre, gardes au su quart de suest minuict, gardes à l'est quart de suest aube du iour.

Nouembre.

En la my-Nouembre, gardes au suest quart de su minuict, gardes à l'est quart de nordest aube du iour. A la fin de Nouembre, gardes au suest minuict, gardes au nordest quart de l'est aube du iour.

Decembre.

En la my-Decembre, gardes au suest quart de l'est minuict, gardes au nordest quart de nord aube du iour. & commence la minuict à amoindrir. A la fin de Decembre, gardes à l'est quart de suest minuict, gardes au nord quart de nordest aube du iour.

F I N.

Fin de cette presente Table.

HENRY Duc de Montmorency & de Dampuille, Pair & Admiral de France, de Guyenne & de Bretagne, Gouuerneur & Lieutenant general pour le Roy en Languedo, Sçauoir faiſons que au iourd'huy dabte de ces preſentes deuant les gens tenans l'Admirauté de France au Siege general de la Table de marbre du Palais à Roüen, Veu & deliberé la plainte renduë en ce Siege le ſixiéme iour de ce preſent mois par Michel Daguebert Capitaine de Nauire nommé le Signe blanc de Calais, à l'encontre de Martin Belleuault l'vn des compagnons de ſon équipage, pour iniures, menaces, & violences à luy commiſes par ledit Belleuault, au bas de laquelle Mandement luy auoit eſté accordé pour faire aſsigner teſmoins aux fins de ladite preuue, Relation de Fortin Huiſſier en cedit Siege du ſixiéme de ce mois, Information ſur ce faite par les Conſeillers Commiſſaires à ce deputez, Mandement de prinſe de corps decreté contre ledit Belleuault dudit iour, Autre ordonnance dudit iour & an, Relation du Febure Huiſſier en cedit Siege du huictiéme de ce preſent mois, Examen de bouche preſté par deuant leſdits Conſeillers Commiſſaires par ledit Belleuault, au bas duquel eſt la repetition & confrontation deſdits teſmoins contre luy du huictiéme de ce mois, Concluſion du Procureur du Roy du iour d'hyer eſtant au bas de ladite Information, Et ouy le rapport du Conſeiller Commiſſaire à ce depuré, IL EST dit que pour le cas reſultant dudit procez dont ledit Belleuault eſt declaré deuëment attaint & conuaincu, Il a eſté & eſt condamné

en fix liures d'amende enuers le Roy, Et à comparoir à la Chambre du Conseil presence dudit Daguebert, auquel il dira ces mots,
Que temerairement & indiscrettement il s'est addressé à luy & l'a
iniurié, luy demandera pardon de ladite offence; Et deffences à
luy faites & à tous autres compagnons de commettre à l'aduenir
telles insolences ny blasphêmes sur peine de punition corporelle,
Et à luy enjoint de bien & fidellement seruir ledit Daguebert son
Capitaine, Et deffences faites audit Belleuault de s'attaquer à luy en
faict ny en dit sur les mesmes peines que dessus; Condamné aux
despens enuers ledit Daguebert de ladite plainte & poursuite, re-
seruez à taxer pour les bailler par bref memoire, Et taxé audit Conseiller Commissaire pour son salaire d'auoir veu lesdites pieces d'i-
celles, fait son rapport & dressé la minute de ces presentes, la som-
me de deux escus, Et aux gens du Roy demy escu, à prendre &
auoir sur ledit Daguebert, sauf son recours qui luy a esté & est
dés à present adiugé sur ledit Belleuault. SI DONNONS en
mandement au premier Huissier ou sergeant de ladite Admirauté,
ou autre sergeant Royal sur ce requis ces presentes executer, Ladite sentence prononcée audit Daguebert & Belleuault prisonnier en
la Conciergerie du Palais, par nous pour cet effet enuoyé querir par
maistre Iacques Fortin Huissier en ce Siege; suiuant laquelle ledit
Belleuault à presence dudit Daguebert, Fortin Huissier, ensemble
de Iean Hardoüin maistre de Nauire de Calais, Nicolas Pihou autre
maistre de Nauire demeurant à Bologne, & Guillaume du Clos le
ieune bourgeois de cette ville; Que temerairement & indiscrettement il s'estoit addressé audit Daguebert maistre de Nauire, le
prioit de luy pardonner les insolences, iniures & blasphêmes du
nom de Dieu par luy commises, accordoit à l'aduenir se comporter
suiuit ladite sentence, Ce qu'il a promis & iuré faire, A laquelle
satisfaction ledit Daguebert s'est contenté aux charges portées par

ladite sentence. Fait à Roüen ce dixiéme iour de Feurier mil six
cens seize. Fait comme dessus. Signé de la Faye & Montien chacun vn paraphe. Et scellé de cire rouge.   Et plus bas est escrit

Collation faite sur l'original en parchemin dont la copie est cy dessus
transcrite par moy Iacques Fortin Huissier du Roy en son Admirauté de France au Siege general de la Table de marbre du Palais à Roüen
ce iourd'huy Lundy quinziéme iour de Feurier mil six cens seize, à la requeste de Guillaume du Clos le ieune Facteur pour les marchands &
maistres de Nauires demeurant en cette ville de Roüen, pour luy valoir & seruir qu'il appartiendra apres laquelle collation faite, ledit original rendu presence de Robert Desmarets & autres. Signé Fortin,
chacun vn paraphe.

Collation faite sur ladite copie en papier cy dessus transcrite par moy
Romain Eger Huissier du Roy en son Admirauté de France audit
Siege general de la Table de marbre du Palais audit Roüen ce vingt-
septiéme iour de Mars mil six cens trente & vn, à la requeste dudit
Guillaume du Clos y nommé, pour luy valoir & seruir qu'il appartien-
dra, apres laquelle collation ladite copie à luy renduë presence de Robert
Baillet & autres.
            Signé   E G E R.